Neu beginnen – versöhnt leben

Horst Krahl

Neu beginnen – versöhnt leben

15 Bußgottesdienste

Matthias-Grünewald-Verlag · Mainz

Den Mitarbeiterinnen und Mitarbeitern in den
Wiesbadener Gemeinden

 Der Matthias-Grünewald-Verlag ist Mitglied
der Verlagsgruppe engagement

Die Deutsche Bibliothek – CIP-Einheitsaufnahme

Krahl, Horst
Neu beginnen – versöhnt leben : 15 Bußgottesdienste / Horst Krahl. –
Mainz : Matthias-Grünewald-Verl., 1999
    ISBN 3-7867-2155-6

Umschlag: Kirsch & Buckel Grafik-Design GmbH, Wiesbaden
Satz: Jörg Eckart · DTP Studio Mainz
Druck und Bindung: Pustet, Regensburg

ISBN 3-7867-2155-6

Inhalt

Vorwort

Die Beichte sei „tot", heißt es. Nur wenige Gläubige gehen beichten; in manchen Gemeinden gibt es keine „Beichtzeiten" mehr, was ich für sehr bedenklich halte. Entsteht so doch der Eindruck, als seien Bußsakrament und Buße in der Gemeinde kein Thema mehr. Umso wichtiger ist es, dass Bußgottesdienste angeboten werden. Zwar sehe ich sie nicht als Ersatz für die Beichte, sie halten aber das Bewusstsein wach und lebendig, dass die Buße in die Gemeinde und zum Leben der Christen gehört. Buße, Umkehr, neu glauben und leben – das ist für Christen glaubensnotwendig.

Im Bußgottesdienst stehen Menschen miteinander als Sünder vor Gott und bitten ihn gemeinsam um Vergebung. Die Fragen der Gewissenserforschung in den vorliegenden Gottesdiensten richten sich allerdings mehr an Einzelne als an die Gemeinde insgesamt. Eine Gemeinde besteht aber aus einzelnen Christen und Christinnen, und die Umkehr Einzelner gelingt leichter als die Bekehrung einer Gemeinde. Oft erlebe ich, dass Menschen nach einem Bußgottesdienst zum Beichtgespräch kommen: Der Bußgottesdienst macht sie nachdenklich und überwindet ihre Hemmung, über sich, ihren Glauben, ihr Leben und ihr Versagen zu sprechen.

Horst Krahl

Hinweise und Vorschläge zur Gestaltung

Die meditativ gestalteten Bußgottesdienste brauchen eine ruhige und freundliche Atmosphäre; Hektik und Zeitdruck berauben sie ihrer Wirkung. Die in den Gottesdiensten wiederkehrenden Elemente helfen, dass sich die Gemeindemitglieder vertraut fühlen.

Im Mittelpunkt der Gottesdienste steht die *Gewissenserforschung* mit Fragen und Anregungen zum Nachdenken. Diese werden langsam, mit Pausen, nicht aufdringlich und nicht anklagend von einem Lektor und einer Lektorin gelesen. Für die TeilnehmerInnen ist es angenehm, wenn sie nicht nur eine Stimme hören.

Das Licht in der Kirche bleibt gedämpft.

Während der Gewissenserforschung sitzen der Leiter/die Leiterin des Gottesdienstes und die Lektoren mit der Gemeinde in einer Kirchenbank: Alle gehören zur Gemeinde, alle haben Buße und Umkehr nötig. Chorraum, Ambo und Altar sind „leer", was zur Ruhe beiträgt und „Ablenkungen" vermeidet. Zur Einleitung, zum Schuldbekenntnis, zur Vergebungsbitte steht der Gottesdienstleiter oder die Gottesdienstleiterin am Ambo oder am Altar.

Unter den Fragen lassen sich einige streichen, dafür können neue und aktuelle Beispiele, auch aus der Gemeinde, genannt werden. Außerhalb eines Gottesdienstes helfen die Fragen ebenfalls bei einer Gewissenserforschung.

Zwar steht jeder Gottesdienst unter einem bestimmten Thema, einige Fragen aber kehren immer wieder, zum Beispiel: Bete ich? Feiere ich regelmäßig den Gottesdienst mit?

Anstelle der vorgesehenen *Gebete* können andere Gebete aus dem „Gotteslob", Psalmen, das Vaterunser oder das Schuldbekenntnis aus der Eucharistiefeier gewählt werden.

Die häufig zur Auswahl angegebenen *Lieder* sind ebenfalls nur als Vorschläge gedacht und können selbstverständlich durch andere, in der Gemeinde bekannte, ersetzt werden.

Die *Vergebungsbitte* wird in der Regel in fürbittender Form gesprochen.

Beispiele:

Der allmächtige Gott erbarme sich unser/euer. Er vergebe uns/euch unsere/eure Schuld und führe uns/euch zum ewigen Leben.

Nachlass, Vergebung und Verzeihung unserer/eurer Sünden schenke uns/euch der allmächtige und barmherzige Gott.

Der Herr erbarme sich euer und schenke euch seine Liebe.

Der Herr erbarme sich euer und lasse sein Licht über euch leuchten.

Der Herr vergebe euch die Schuld und schenke euch Kraft zur Umkehr.

Wenn wir unsere Sünden bekennen, ist Gott treu und gerecht. Er vergebe uns die Sünden und reinige uns von allem Unrecht (nach 1 Joh 1,9).

In der Beichte wird eine „Buße" aufgegeben. Auch in den Bußgottesdienst gehört ein sichtbares *Zeichen der Buße*, ein sichtbares Zeichen der Umkehr und der neuen Gesinnung. Ein solches Zeichen oder Tun ergibt sich aus der Gewissenserforschung; auch die Bußgesinnung einer Gemeinde kann sichtbar werden, etwa in einer gemeinsamen (sozialen) Aktion.

Ich nenne immer mehrere Beispiele für Bußwerke aus dem Alltag oder der Gemeinde:

Sich Zeit für die Familie und die Kinder nehmen – mit der Familie spazieren gehen – mit den Kindern spielen – Konsumverzicht – den Fernsehapparat nicht anstellen – der Frau einen Blumenstrauß mitbringen – sie zum Essen einladen – das Auto in der Garage lassen – ein Buch lesen – eine Bibel kaufen und darin lesen – sich im Glauben weiterbilden – Nachbarn helfen – Kranke besuchen – in der Gemeinde mitarbeiten: Besuchsdienste – Essen auf Rädern – Pfarrbrief austragen – eine großzügige Spende für Adveniat, Misereor, Caritas, Missio – auch einmal werktags den Gottesdienst mitfeiern – für Menschen beten – ...

Als *Segen* zum Abschluss bieten sich viele Segensformen an, auch ein „Feierlicher Schlusssegen" aus dem Messbuch.

Zwar sind die Bußgottesdienste gestaltet und können so übernommen werden, dennoch empfiehlt es sich, sie als Vorschläge für die Vorbereitung eigener Bußgottesdienste zu sehen und diese mit Gemeindemitgliedern zu planen. Auch den Beispielen in diesem Buch gingen Gespräche mit einzelnen Menschen und Gruppen der Gemeinde St. Andreas in Wiesbaden voraus.

Für wichtig halte ich ebenfalls eine gute Absprache mit dem Organisten. Ein Bußgottesdienst soll nicht zu einem Kirchenkonzert werden, aber Orgelmeditationen tragen ganz wesentlich zum Gottesdienst und seiner Atmosphäre bei.

Den TeilnehmerInnen ein Textblatt mit Gebeten und Liedern in die Hand zu geben, empfehle ich sehr.

Lohnt die viele Arbeit? Ich meine: Die Mühe lohnt. Zwei- oder dreimal im Jahr in der Gemeinde einen Bußgottesdienst zu feiern überfordert zeitlich nicht. Und wie gesagt: Buße und Umkehr gehören zum Leben jeder Gemeinde und jedes Christen.

... und fange bei mir an

Orgelvorspiel

Lied
Zu dir, o Gott, erheben wir (GL 462, 1–2)

Begrüßung – Einleitung
Liebe Gemeinde,
zu unserem Bußgottesdienst begrüße ich Sie herzlich.
Als Gemeinde haben wir uns zu diesem Bußgottesdienst versammelt.
In der Gewissenserforschung aber ist der Einzelne gefragt; denn die Gemeinschaft besteht aus einzelnen Menschen. Umkehr und Änderung einer Gemeinschaft beginnen mit Umkehr und Änderung des einzelnen Menschen.
Das Thema unseres Bußgottesdienstes drückt das aus:
Und fange bei mir an.

Stell dir vor, der Herr käme plötzlich zurück
und sähe sich um mit prüfendem Blick,
ob die Kirche in seinem Geist
heute noch lebt.
Oder ob sie nur christlich heißt.

> V.: Erbarme dich, Herr.
> A.: Erbarme dich, Herr.

Stell dir vor, er käme ganz einfach nach hier
und säße unerkannt in der Bank neben dir.
Er suchte Liebe und Gemeinschaft.
Was würde er sehen?
Die Gemeinde abgeschlafft?

> V.: Erbarme dich, Herr.
> A.: Erbarme dich, Herr.

Stell dir vor, er nähme die Maske dir ab,
die du trägst zur Tarnung jeden Tag.
Er durchschaut, was du denkst und fühlst
und heimlich tust,
der du gern im Dreck anderer wühlst.

> V.: Erbarme dich, Herr.
> A.: Erbarme dich, Herr.

Gemeinsames Gebet

Ich komme zu dir, Gott.
Ich möchte dein Wort hören,
ich möchte dir antworten.

In deine Hände lege ich meine Sorgen,
meine Zweifel und alle Angst.

Ich habe oft wenig Glauben,
oft wenig Frieden.
Dir vertraue ich mich an.

Ich möchte dich lieben.
Ich möchte dir in anderen Menschen begegnen.

Ich möchte dir danken, Herr, mein Gott,
dass du für uns da bist.

Schriftwort (Röm 12, 9–18)

Der Apostel Paulus schreibt an die Gemeinde in Rom:

Schwestern und Brüder,
eure Liebe sei ohne Heuchelei.
Verabscheut das Böse, haltet fest am Guten!
Seid einander in geschwisterlicher Liebe zugetan,
übertrefft euch in gegenseitiger Achtung!
Laßt nicht nach in eurem Eifer,
laßt euch vom Geist entflammen und dient dem Herrn!
Seid fröhlich in der Hoffnung, geduldig in der Bedrängnis,

beharrlich im Gebet.
Helft den Schwestern und Brüdern, wenn sie in Not sind;
gewährt jederzeit Gastfreundschaft!
Segnet eure Verfolger; segnet sie, verflucht sie nicht!
Freut euch mit den Fröhlichen
und weint mit den Weinenden!
Seid untereinander eines Sinnes.
Und strebt nicht hoch hinaus,
sondern bleibt demütig.
Haltet euch nicht selbst für weise!
Vergeltet nicht Böses mit Bösem!
Seid allen Menschen gegenüber auf Gutes bedacht.
Soweit es euch möglich ist,
haltet mit allen Menschen Frieden!

Orgelmeditation

Gewissenserforschung
Häufig klagen Menschen über rücksichtsloses, liebloses Verhalten,
über mangelnde Wahrheitsliebe und wachsendes Misstrauen.

Herr,
bring deine Liebe und Wahrheit
zu allen Menschen –
und fange bei mir an.

* Wie halte ich es mit der Wahrheit?
  Benutze ich die Unwahrheit als Ausrede –
  aus Bequemlichkeit, als Selbstschutz, aus Angst?

* Belüge ich mich selbst,
  indem ich mir und anderen etwas vormache?

* Will ich mehr scheinen, als ich bin?

* Finde ich für mein eigenes Verhalten ständig Ausreden und Ent-
  schuldigungen,

gehe aber hart mit anderen ins Gericht,
wenn sie nicht ganz bei der Wahrheit bleiben?

- Denke ich daran, dass Wahrheit oder *meine* Sicht der Wahrheit
  den anderen demütigen kann?

- Stelle ich den anderen öffentlich bloß,
  oder nehme ich mir die Zeit,
  mit ihm unter vier Augen zu sprechen,
  wenn ich ihm etwas vorzuwerfen habe?

Der Schweizer Schriftsteller Max Frisch sagt:
Man sollte dem anderen
die Wahrheit wie einen Mantel hinhalten,
dass er hineinschlüpfen kann,
und sie ihm nicht wie einen nassen Lappen
um die Ohren schlagen.

Kurze Orgelmeditation

Jeder Mensch *will* Frieden und *braucht* Frieden,
um leben zu können.

Herr, lass Frieden auf Erden kommen,
und fange bei mir an.

- Herrscht in meiner Familie Frieden,
  weil keiner sagt oder nicht zu sagen wagt,
  was er möchte?

- Lebe ich mit mir selbst in Frieden und Einklang,
  oder bin ich ständig unzufrieden mit meinem Leben?

- Kann ich die Eigenart und die Überzeugung anderer anerkennen
  und zum Ausdruck bringen,
  auch wenn ich anders denke?

- Gehe ich fair mit meinen Arbeitskollegen um?
  Trete ich für andere ein, wenn ihnen Unrecht geschieht?

Kurze Orgelmeditation

Viele denken nur an die Amtskirche, wenn sie über die Kirche reden, und vergessen: Die Kirche ist die Gemeinschaft der Glaubenden, zu der ich gehöre.

Herr,
erwecke deine Kirche,
und fange bei mir an.
Herr,
baue deine Gemeinde,
und fange bei mir an.

- Versuche ich wenigstens, die Kirche zu verstehen?

- Engagiere ich mich in meiner Gemeinde?

- Bedenke ich: Eine Gemeinde taugt nur so viel,
  wie ihre einzelnen Glieder taugen?

- Fördere ich das Leben in der Gemeinde,
  oder fordere ich nur?

- Ist die Mitfeier des Gottesdienstes wichtig für mich?

- Bete ich?
  Lese ich in der Heiligen Schrift?

Jede Gemeinde kann nur so viel geben,
wie der Einzelne zu geben bereit ist.

Gemeinsames Gebet
Herr, erwecke deine Kirche,
und fange bei mir an.
Herr, baue deine Gemeinde,
und fange bei mir an.
Herr, lass Frieden
überall auf Erden kommen,
und fange bei mir an.
Herr, bring deine Liebe
und Wahrheit

zu allen Menschen,
und fange bei mir an.

Orgelmeditation

Schuldbekenntnis

Vor dem allmächtigen Gott
bekennen wir unsere Schuld,
und voreinander gestehen wir ein,
dass wir gefehlt haben.
Wir bitten dich,
allmächtiger und barmherziger Gott,
sei uns gnädig,
und vergib uns unsere Schuld,
wie auch wir vergeben unseren Schuldigern.
Amen.

Vergebungsbitte

Danklied

Kündet allen in der Not (GL 106)
Nun danket alle Gott (GL 266)
Gehet nicht auf in den Sorgen dieser Welt (Tr 137)*
Wo zwei oder drei (Tr 128)

Zeichen der Buße

Segen – Verabschiedung

Orgelnachspiel

---

* Tr = Liederbuch „Troubadour für Gott", hg. vom Kolping-Bildungswerk, Diöze-
sanverband Würzburg e.V., Postfach 5979, 97009 Würzburg

Ohne Maske vor Gott

Orgelvorspiel

Begrüßung

Lied
Herr, dir ist nichts verborgen (GL 292, 1–3)

Einleitung
Unser Bußgottesdienst vor dem Weihnachtsfest hat das Thema:
Ohne Maske vor Gott.
Das Gleichnis vom Pharisäer und Zöllner im Tempel soll uns zum
Nachdenken anregen. Wie sich die HörerInnen Jesu in den beiden
Männern wiedererkannten, so können wir uns in ihnen wiederer-
kennen.
In der Gewissenserforschung werden heute nur wenige Fragen ge-
stellt.

Gemeinsames Gebet
Herr, mein Gott, du kennst mich.
Vor dir kann ich keine Maske aufsetzen;
denn du schaust durch sie hindurch.
Ich bitte dich um deinen Heiligen Geist:
Er gieße neues Leben in meine erstarrte Seele
und gebe mir Kraft zur Umkehr.
Amen.

Schriftwort (Lk 18, 9–14)
Im Lukasevangelium lesen wir:

Einigen, die von ihrer eigenen Gerechtigkeit überzeugt waren und
die anderen verachteten, erzählte Jesus dieses Beispiel:

Zwei Männer gingen zum Tempel hinauf, um zu beten; der eine war ein Pharisäer, der andere ein Zöllner. Der Pharisäer stellte sich hin und sprach leise dieses Gebet: Gott, ich danke dir, daß ich nicht wie die anderen Menschen bin, die Räuber, Betrüger, Ehebrecher oder auch wie dieser Zöllner dort. Ich faste zweimal in der Woche und gebe dem Tempel den zehnten Teil meines Einkommens.

Der Zöllner aber blieb ganz hinten stehen und wagte nicht einmal, seine Augen zum Himmel zu erheben, sondern schlug sich an die Brust und betete: Gott, sei mir Sünder gnädig! Ich sage euch: Dieser kehrte als Gerechter nach Hause zurück, der andere nicht. Denn wer sich selbst erhöht, wird erniedrigt, wer sich aber selbst erniedrigt, wird erhöht werden.

Kurze Orgelmeditation

Der Pharisäer baut sich vor Gott geradezu auf.

Das ist alles andere als die Haltung eines Menschen, der betet. Und was er sagt, ist kein Gebet. Wohlgefällig und bewundernd redet er von sich. Er spricht zu Gott, sagt aber ständig „Ich". Er lobt sich und erhebt sich über andere; sich selbst macht er groß, indem er andere herabsetzt und klein macht; er bewundert sich und erwartet, dass Gott es ihm gleichtut.

Zwar dankt er Gott mit Worten, aber mir kommt es vor, als erwarte er, dass Gott sich bei ihm bedankt: „Herr und Gott, du solltest dich bei mir bedanken! Bin ich doch ein Muster an Frömmigkeit und Moral!"

Kein gutes Bild gibt der Pharisäer ab, obwohl er ein durchaus ernst zu nehmender Mann ist. Seine Leistungen, die er aufzählt, heben ihn über den Durchschnitt der jüdischen Gläubigen damals hinaus. Zweimal in der Woche zu fasten und den zehnten Teil des Einkommens zu spenden ist mehr, als von jüdischen Gläubigen verlangt wird. Und es ist übrigens auch mehr, als Christen heute in der Regel tun und geben.

Die Art jedoch, wie der Pharisäer seine Leistungen herausstellt und mit dem Finger auf andere zeigt, setzt ihn ins Unrecht.

Für diesen Mann scheint sogar Gott überflüssig zu sein. Will er sich mit seinen Leistungen den Glauben und das Heil nicht selber machen? Dabei setzt er sich unter großen Leistungsdruck. Wie lange hält er diesen wohl aus?

Orgelmeditation

Menschen teilen andere in Klassen ein oder deklassieren sie sogar. Das scheint manchen Leuten ein Bedürfnis zu sein. Und es macht Spaß. Von einem Hochsitz aus Eitelkeit, Besserwisserei, vermeintlicher Klugheit und einem bestimmten Moralverständnis aus geben sie Noten. Genüsslich zeigen sie auf die Fehler und Schwächen anderer und suchen sich dadurch, oft unbewusst, selbst zu entlasten und zu entschuldigen. Je kleiner und minderwertiger andere in ihren Augen erscheinen, umso größer und glänzender sehen sie sich. Im Vergleich mit diesen anderen Leuten schneiden sie einfach besser ab, meinen sie. Wahre Meister gibt es in der Kunst des Verdrängens. Dazu kommt noch: Schuld für eigenes Versagen wird anderen zugeschoben.

Gewissenserforschung

- Verhalte ich mich nur deshalb christlich, weil ich von Gott eine Belohnung erwarte?

- Vergleiche ich mein Verhalten ständig mit dem anderer Leute? Fühle ich mich über andere erhaben?

- Beurteile ich Menschen nur nach ihrem äußeren Verhalten?

- Meine ich, mir müsste es besser gehen als denen, die sich nicht an Gottes Wort und Gebot halten?

Kurze Orgelmeditation

Der Zöllner steht draußen im Vorhof der Heiden; er darf den Tempel nicht betreten, weil er mit den heidnischen Römern kollaboriert.
Er kennt seinen Platz, er macht sich und anderen nichts vor und schätzt sich richtig ein. Sein Gebet zeigt es: „Gott, sei mir Sünder gnädig!" An ihm gibt es nichts zu bewundern; er ist ein Sünder, der das Erbarmen und die Vergebung Gottes braucht.

Ich bin auf Gottes Vergebung angewiesen. „Gott, sei mir gnädig!"
Das Gebet des Zöllners steht jedem gut an.

Menschen können sich täuschen, indem sie sich selbst etwas vormachen. Sie können andere täuschen, Gott aber nicht; ihm können
sie nichts vormachen und ihm brauchen sie nichts vorzumachen.
Vor ihm kann keiner eine Maske aufsetzen; Gott schaut durch die
Maske. Auf seine Vergebung ist jeder angewiesen; für ihn stehen alle
auf einer Stufe.

Gott selbst kommt durch Jesus den Menschen auf einer Stufe entgegen, um sie zu erhöhen. Das macht Menschen groß.

- Bin ich mir bewusst, dass ich Gott und den Menschen vieles
  schuldig bleibe?

- Rede ich mein Leben schön – vor Gott – vor Menschen?

- Vertraue ich auf Gottes Barmherzigkeit und Vergebung?
  Brauche ich seine Vergebung?

Orgelmeditation

Gemeinsames Gebet

Gott,
Vater des Erbarmens,
komm uns entgegen und hilf uns,
dass wir uns so sehen,
wie wir sind.
Bewahre uns vor Mutlosigkeit
und Selbstgefälligkeit.
Gib uns Kraft und Mut,
in unserem Leben das zu ändern,
was geändert werden muss
und was wir ändern können.
Schenke uns ein neues Herz
und einen neuen Geist
durch Christus, unseren Herrn.
Amen.

Gemeinsames Schuldbekenntnis

Vor dem allmächtigen Gott
bekennen wir unsere Schuld,
und voreinander gestehen wir ein,
dass wir gefehlt haben.
Wir bitten dich, allmächtiger Gott,
sei uns gnädig und vergib uns unsere Schuld,
wie auch wir vergeben unseren Schuldigern.
Amen.

Vergebungsbitte

Danklied

Kündet allen in der Not (GL 106, Advent)
Danket, danket dem Herrn (GL 283)
Mache dich auf und werde licht (Tr 148, Advent)
Wo zwei oder drei (Tr 128)

Zeichen der Buße

Segen – Verabschiedung

Orgelnachspiel

Streit

Orgelvorspiel

Begrüßung

Lied

Komm, Schöpfer Geist (GL 245)

Bewahre uns Gott, behüte uns Gott (T.: Eugen Eckert / M.: Anders
  Ruuth)

Herr, gib uns deinen Frieden (Tr 143)

Unfriede herrscht (Tr 195)

Einleitung

Streit – darüber wollen wir heute nachdenken.

Streit unter Menschen gehört zu den Selbstverständlichkeiten des
Lebens. Gerade die, die sich nahe stehen, die miteinander leben,
streiten sich oft. Etwas klüger als „Streit" klingt Konflikt, banaler
Krach. Es kracht, weil Streit häufig mit Lärm, mit Krach also, verbunden ist. Dass Menschen ihren Streit und ihre Meinungsverschie-
denheiten austragen, ist normal und notwendig. Wie sie das tun, da
liegt das Problem.

Über Ursachen von Konflikten unter Ländern und deren mögliche
Lösung denken Friedensforscher nach. Staaten und kleine menschli-
che Gemeinschaften brauchen eine Streitkultur, Regeln, nach denen
sie miteinander ihre Konflikte zu lösen versuchen.

Denken wir an unsere Erfahrungen und unsere Möglichkeiten: Zuerst müssen die oft unterschwelligen Konflikte an die Oberfläche
kommen. Dann geht es um ihre Lösung und die Versöhnung untereinander und mit Gott. Gläubige, Kinder Gottes, Schwestern und
Brüder Jesu, haben einen besonderen Auftrag zur Versöhnung.

Gemeinsames Gebet

Herr, unser Gott,
im Lichte der Frohen Botschaft Jesu
schauen wir auf unser Leben
und auf das, was in der Welt geschieht.
Seit dein Sohn gekommen ist,
um für uns deine Barmherzigkeit zu sein,
nehmen wir wahr,
wie hart und gnadenlos
wir oft miteinander umgehen.
Wir bitten dich,
erneuere uns nach dem Beispiel Jesu.
Lass uns nicht Böses mit Bösem vergelten,
sondern Frieden stiften und Frieden halten –
heute und alle Tage, die wir noch leben.
Amen.

Nach Gotteslob, Nr. 7,1

Stille

Gewissenserforschung

Streit kann durch Missverständnisse entstehen: Menschen verstehen
einander miss, also falsch, weil sie nicht zuhören oder andere nicht
zu Wort kommen oder nicht ausreden lassen.

- Lasse ich andere ausreden? Höre ich ihnen zu?
  Mache ich sie durch meine Ungeduld nervös?
  Bemühe ich mich um eine freundliche Atmosphäre, in der allein
  ein Gespräch gedeihen kann?

- Streit kann ausbrechen, wenn sich Enttäuschungen und Verlet-
  zungen ansammeln. Partner zum Beispiel sagen nicht, was sie
  vom anderen erwarten, und sind verletzt, weil ihre Erwartungen
  nicht erfüllt werden.

- Sage ich meinem Mann – meiner Frau –, was ich möchte und erwarte?
  Sprechen wir offen miteinander?

Äußere ich gegenüber meinen Kindern, Freunden und Arbeitskollegen und -kolleginnen meine Wünsche?
Schlucke ich alle Enttäuschungen hinunter, bis ich vor Wut platze?

- Bin ich schnell beleidigt? Verkrieche ich mich in meinem Schneckenhaus?
  Gebe ich um des lieben Friedens willen nach, ohne dass Probleme gelöst sind?
  Kehre ich Probleme und Spannungen, die Ursachen von Streit und Entzweiung, unter den Teppich?

Orgelmeditation

Streit kann durch Rechthaberei und Intoleranz entstehen. Wer stur auf seiner Meinung beharrt und diese unbedingt durchsetzen möchte, will andere beherrschen.
Tolerant gegenüber anderen Überzeugungen können nur die sein, die selbst eine Überzeugung haben.
Heinrich Heine fasste sein Verständnis von Toleranz so zusammen: „Ich bin zwar nicht Ihrer Meinung, aber ich werde dafür kämpfen, dass Sie Ihre Meinung sagen dürfen."

- Vertrete ich meinen Standpunkt, wenn es um den Glauben, um Recht oder Unrecht, gut oder böse geht?
  Zeige ich Zivilcourage?
  Bin ich zu Kompromissen bereit?
  Streit kann aufkommen, wenn Kleinigkeiten aufgebauscht werden. Aus Mücken werden Elefanten.

- Bin ich großzügig?
  Kann ich nachgeben, ohne ständig zu meinen, ich vergebe mir etwas?
  Gehöre ich zu den Klügeren, die nachgeben?
  Gebe ich immer nach, auch auf Kosten der Wahrhaftigkeit?
  Bin ich nachtragend?
  Bemühe ich mich um Versöhnung?
  Bitte ich um Entschuldigung und Verzeihung?

Orgelmeditation

Streit entstand und entsteht über Fragen nach dem rechten Glauben. Fanatiker können sich nicht auf die Botschaft Jesu berufen, der um die Einheit der Glaubenden gebetet hat.

• Bemühe ich mich, Polarisierungen in der Gemeinde zu vermeiden?
 Verursache ich Spannungen, oder suche ich sie abzubauen?
 Spreche ich mit anderen oder ständig nur über sie?
 Spreche ich anderen den rechten Glauben ab, weil sie andere Glaubensformen als ich pflegen?

Stille

Gemeinsames Gebet
Psalm 18 (GL 712)

Schriftwort (Kol 3,12–16a)
Im Brief an die Kolosser lesen wir:

Ihr seid von Gott geliebt, seid seine auserwählten Heiligen.
Darum bekleidet euch mit aufrichtigem Erbarmen,
mit Güte, Demut, Milde, Geduld.
Ertragt euch gegenseitig, und vergebt einander,
wenn einer dem anderen etwas vorzuwerfen hat.
Wie der Herr euch vergeben hat, so vergebt auch ihr!
Vor allem liebt einander, denn die Liebe ist das Band,
das alles zusammenhält und vollkommen macht.
In eurem Herzen herrsche der Friede Christi;
dazu seid ihr berufen als Glieder des einen Leibes.
Seid dankbar!
Das Wort Christi wohne mit seinem ganzen Reichtum bei euch.
Belehrt und ermahnt einander in aller Weisheit!

Gemeinsames Schuldbekenntnis

Einleitung: Sehr klar begründet der Apostel die Ratschläge und Forderungen im Glauben an die Vergebung und Versöhnung, die Gott uns durch Jesus Christus schenkt.

Wir bleiben hinter den Lebensregeln zurück, oder wir tun das Gegenteil. Deshalb beten wir gemeinsam:

Vor dem allmächtigen Gott
bekennen wir unsere Schuld,
und voreinander gestehen wir ein,
dass wir gefehlt haben.
Wir bitten dich, allmächtiger Gott,
sei uns gnädig und vergib uns unsere Schuld,
wie auch wir vergeben unseren Schuldigern.
Amen.

Vergebungsbitte

Danklied
Nun danket all und bringet Ehr (GL 267)
Ein neuer Himmel, eine neue Erde (Tr 35)

Zeichen der Buße

Segen – Verabschiedung

Orgelnachspiel

Ich habe keinen Menschen

Orgelvorspiel

Begrüßung

Lied
Aus hartem Weh (GL 109, Advent)
O Herr, nimm unsere Schuld (GL 168)
Aus tiefer Not (GL 163)

Einleitung
„Ich habe keinen Menschen." Das sagt ein Mann zu Jesus, als er ihn fragte, ob er gesund werden wolle.
Ich habe keinen Menschen. Ich bin allein. Ich bin einsam. Das ist die Erfahrung vieler Menschen gerade in unserer Zeit (besonders in den Tagen vor Weihnachten).
Henri J.M. Nouwen schreibt in seinem Buch „Der dreifache Weg", Freiburg 1991, S. 18: „Die Einsamkeit ist heutzutage eine der geläufigsten Ursachen menschlichen Leides. Nach der Aussage von Psychiatern und Psychotherapeuten ist sie das Leiden, über das die Patienten am häufigsten klagen. Sie ist nicht nur die eigentliche Ursache einer steigenden Selbstmordkurve, sondern auch des Alkoholmissbrauchs, des Drogenkonsums, etlicher psychosomatischer Symptome – wie Kopfschmerzen, Magenbeschwerden und Schmerzen in der Lendenwirbelgegend – und einer großen Zahl von Verkehrsunfällen. In einer Welt, in der man versucht, Ellenbogentaktik mit einer Zivilisation in Einklang zu bringen, in der Miteinander, Einheit und Gemeinschaft als erstrebenswerte Ideale hingestellt werden, geraten Kinder, Jugendliche, Erwachsene und Senioren immer mehr in die Gefahr, von der Seuche der Einsamkeit befallen zu werden."
Einsam im positiven Wortsinn ist, wenn ein Mensch sich freiwillig in die Einsamkeit begibt. Von Zeit zu Zeit in die Stille, in die Einsamkeit also, zu gehen, tut jedem Menschen gut.

Einsam im negativen Sinn ist, wer keine Kontakte zu anderen hat, wer sich selbst isoliert oder von anderen isoliert wird. Menschen können selbst ihre Einsamkeit verursachen, auch Schuld kann sie einsam machen.

Gemeinsames Gebet

Guter Gott,
im Vertrauen auf dein Erbarmen wenden wir uns an dich.
Du kennst uns besser, als wir uns selbst kennen,
du weißt um unser Versagen und um unseren guten Willen,
du siehst unsere Schwächen und unsere Stärken.
Gib uns Mut, dass wir uns selbst nichts vormachen,
schenke uns Einsicht und Kraft zur Umkehr,
zeige uns Wege zu einem Leben nach der Weisung Jesu.
Auf dich hoffen wir durch Christus, unseren Herrn.
Amen.

Stille

Schriftwort

Im Johannesevangelium (5,1–9) lesen wir:

Es war ein Fest der Juden, und Jesus ging hinauf nach Jerusalem.
In Jerusalem gibt es beim Schaftor einen Teich, zu dem fünf Säulenhallen gehören; dieser Teich heißt auf hebräisch Betesda.
In diesen Hallen lagen viele Kranke, darunter Blinde, Lahme und Verkrüppelte.
Dort lag auch ein Mann, der schon achtunddreißig Jahre krank war. Als Jesus ihn dort liegen sah und erkannte, daß er schon lange krank war, fragte er ihn: Willst du gesund werden?
Der Kranke antwortete ihm: Herr, ich habe keinen Menschen, der mich, sobald das Wasser aufwallt, in den Teich trägt. Während ich mich hinschleppe, steigt schon ein anderer vor mir hinein.
Da sagte Jesus zu ihm: Steh auf, nimm deine Bahre und geh!
Sofort wurde der Mann gesund, nahm sein Bahre und ging.

Jesus sieht den Mann, der Hilfe braucht, geht auf ihn zu und spricht ihn an. So gibt er dem Kranken Mut, von sich zu sprechen. Endlich kann er es laut sagen: Ich habe keinen Menschen. Keinen, der mir ins Wasser hilft, keinen, der mir Hoffnung macht und meine Hoffnung mitträgt. Die Leute hier übersehen mich. Sie denken nur an sich und ihre eigenen Probleme.

Wer das so empfindet und erlebt, kann auch sein Vertrauen auf Gott verlieren: Gott hat kein Interesse an mir; ich bin ihm gleichgültig.

Jesus wird für den Kranken zum Mitmenschen, zum Menschen für ihn.

Jesus heilt ihn, richtet ihn auf, damit er aufrecht gehen kann.

Und Jesus zeigt Gott, dem der Gelähmte nicht gleichgültig ist. Gott ist nie ein Mensch gleichgültig, ihm geht es um jeden.

Orgelmeditation

Gewissenserforschung

Oft renne ich an anderen vorbei, ohne sie wahrzunehmen. Ich bin blind für sie, weil ich nur mich selbst und meine eigenen Probleme sehe.

- Will ich nicht sehen, wer und was mir auf meinem Weg begegnet, weil ich mich nicht mit den Fragen und der Not anderer belasten möchte?

- Gebe ich durch meine abweisende Art anderen gar keine Gelegenheit mich zu fragen: Kannst du mir helfen?
  Nehme ich ihnen den Mut zu der Bitte: Ich brauche deine Hilfe?

- Wage ich, meine Hilfe anzubieten, auch wenn ich schon mehrmals abgewiesen worden bin?

Jesus geht offen auf den kranken Mann zu und macht ihm Mut, dass er von sich sprechen kann.

Stille

Es gibt viele Möglichkeiten, anderen zu helfen: Ich kann sie wahrnehmen und anschauen, sie ansprechen und fragen, mir Zeit für sie nehmen und ihnen zuhören.

Es kommt darauf an, Menschen das Bewusstsein zu geben: Du zählst, auch wenn du krank oder alt bist oder wenn du scheiterst. Du bist wertvoll, auch wenn du noch klein bist, wenn du keine großen Talente hast und wenig besitzt.

Wer sich von oben herab Menschen zuwendet, hilft ihnen nur scheinbar; er demütigt sie und macht sie klein.

Jesus macht den Gelähmten am Teich Betesda groß: Der Mann kann aufrecht stehen und gehen.

Orgelmeditation

Menschen können sich selbst isolieren. Sie überschätzen sich selbst, sind einfach zu stolz, andere um Hilfe zu bitten, oder trauen anderen wenig zu.

- Bitte oder frage ich andere um ihre Hilfe?
  Gestehe ich mir selbst ein, dass ich angewiesen bin – auf andere – auf Gott?

- Bin ich zu stolz, Hilfe anzunehmen?
  Überschätze ich mich und meine Kräfte?
  Genüge ich mir selbst?

- Frage ich um Rat? Bin ich bereit, Rat und Hilfe anzunehmen?

- Ziehe ich mich vor anderen zurück, weil ich oft enttäuscht worden bin?
  Bin ich schnell beleidigt und verkrieche mich in meinem Schmollwinkel?

Wer sich einem Menschen in Not zuwendet, der lässt diesen ahnen: Gott denkt an mich. Gott hat mich nicht vergessen.

Gott weiß um jeden Menschen; ihm geht es um jeden; niemand ist ihm gleichgültig. Jesus zeigt den Gott für die Menschen.

Der Gelähmte sagt: Ich habe keinen Menschen. Trotzdem wartet er und hofft auf einen, der ihm hilft. Jesus zeigt: Warten und Hoffen sind nicht vergeblich.

Orgelmeditation

Gemeinsames Gebet
Psalm 145 (GL 758)

Stille

Gemeinsames Schuldbekenntnis
Vor dem allmächtigen Gott
bekennen wir unsere Schuld,
und voreinander gestehen wir ein,
dass wir gefehlt haben.
Wir bitten dich, allmächtiger Gott,
sei uns gnädig und vergib uns unsere Schuld,
wie auch wir vergeben unseren Schuldigern.
Amen.

Vergebungsbitte

Danklied
Singt dem Herrn (GL 268)
Wo zwei oder drei in meinem Namen (Tr 128)
Ich lobe meinen Gott, der aus der Tiefe (Tr 649)
Wenn das Brot, das wir teilen (Tr 140)

Zeichen der Buße

Segen – Verabschiedung

Orgelnachspiel

Miteinander

Orgelvorspiel

Begrüßung

Lied
Hilf, Herr meines Lebens (GL 622)

Einleitung
Viele tausend Kleinigkeiten im Alltag können unser Leben – die Gemeinschaft der Ehe und Familie, das Miteinander von Menschen, die Freundschaft und Nachbarschaft – belasten oder erleichtern.
Steter Tropfen höhlt den Stein, heißt ein Sprichwort: Ständige Nadelstiche reißen tiefe Wunden. Kleine Zeichen der Zuneigung und Liebe dagegen zerbrechen steinerne Herzen. Aus der Mücke wird ein Elefant. Negativ oder positiv.
Jeder Stich mit spitzer Zunge trifft am Ende uns selbst.
Jede Schlinge, die ich lege, fängt mich am Ende selbst.
Jedes kalte Wort lässt am Ende auch Eis in mir zurück.
Kleinigkeiten scheinen unwichtig, wiegen aber häufig schwer. Kleine Gesten schenken Freude, kleine Dinge verursachen Schmerz. Jesus sagt, selbst ein Glas Wasser bleibe nicht unbelohnt. Und: „Du bist im Kleinen ein treuer Verwalter gewesen; deshalb will ich dir eine große Aufgabe übertragen" (Mt 25, 21).

Kyrie
Tau aus Himmelshöhn (GL 103, Advent)
Herr, erbarme dich unser (GL 454)

Gebet
Herr, unser Gott, du kennst mich.
Vor dir kann ich keine Maske aufsetzen;
denn du schaust durch sie hindurch.

Ich bitte um deinen Heiligen Geist:
Er wärme in mir, was kalt und hart geworden,
und gieße neues Leben in meine erstarrte Seele.

Orgelmeditation

Geschichte: Die kleinen Worte

Herz, Hirn und Zunge kamen überein, keine kleinen Worte mehr zu machen. Das Herz sagte: „Diese kleinen Worte belasten mich nur, sie machen mich weich. Heutzutage muss ein Herz hart sein!" Das Hirn sagte: „Große Gedanken, Formeln, Spekulationen …, das bringt was ein! Die kleinen Worte kosten nur Zeit!" Die Zunge sagte: „Ich spezialisiere mich auf Fachausdrücke, Fremdwörter, große Reden. Mit den kleinen Worten kann ich mich nicht mehr abgeben!"

So schickte das Herz nur noch harte Worte auf die Zunge, das Hirn produzierte nur gescheite Worte, und die Zunge hielt große Reden. Kein kleines Wort kam mehr über die Lippen.

Nach dieser Verschwörung wurde die Welt trostlos, kalt, leer. Aber es gab immer noch Menschen, die sich an die kleinen Worte erinnerten. Sie begannen, sie aus der Vergessenheit herauszusuchen.

Zuerst hatten sie Angst, ausgelacht zu werden. Aber siehe da: Mit froher Kraft sprangen sie von Mund zu Mund, von Kopf zu Kopf, von Herz zu Herz und lösten ungeahnte Kreisläufe aus.

Und die Welt wurde wieder freundlicher.

Roland Schönfelder

Orgelmeditation

Gewissenserforschung

Eine Familie oder eine Freundschaft zerbricht meistens nicht an großen Problemen, sondern an kleinen Alltäglichkeiten. Routine stellt sich ein, Mangel an Einfühlungsvermögen und erfinderischer Gemeinsamkeit. Routine hat mit Bequemlichkeit zu tun. Und Bequemlichkeit führt leicht zu Gleichgültigkeit.

• Wie oft sage ich von Herzen „Danke"?
  Wann habe ich zuletzt gesagt: „Das hast du gut gemacht! …
  Ich liebe dich! … Ohne dich wäre mein Leben leer!"?

- Danke ich den Kindern, Arbeitskollegen und Kolleginnen? Zeige ich meine Dankbarkeit?

- Sprechen wir wirklich miteinander, nicht bloß gegeneinander? Kann ich zuhören?

- Mache ich mir die Mühe, auch über die kleinen Sorgen und Freuden des Alltags, über Schuld und Versagen mit dem Partner, der Partnerin und den Kindern zu sprechen?

- Bemühe ich mich in meiner Umgebung um Frieden und Versöhnung?

- Spreche ich mit Gott? Bete ich?

Orgelmeditation

- Sehe ich unsere Ehe auch als eine Gemeinschaft des Glaubens?

- Bin ich mir bewusst, dass zur Ehe die Sorge um den Glauben des Partners und der Partnerin gehört?

- Habe ich Achtung und Ehrfurcht vor dem Gewissen meines Mannes – meiner Frau – meiner Kinder – anderer Menschen?

- Setze ich durch mein leichtsinniges Verhalten unsere Ehe aufs Spiel?

- Ermutige ich meinen Mann – meine Frau – unsere Kinder, oder kritisiere ich sie ständig?

- Bete ich für meinen Mann – für meine Frau – für unsere Kinder?

- Feiere ich – feiern wir – regelmäßig den Gottesdienst mit?

Du hast die Möglichkeit, Menschen zu lieben,
nicht nur mit dem Verstand, sondern mit deinem ganzen Wesen.

Du hast die Verantwortung, mit Wort und Tat deine Liebe zu zeigen.

Du hast die Chance, deine Liebe nicht für dich selbst zu behalten,
sondern weiterzugeben für das Glück der anderen.

Du hast die Möglichkeit, gemeinsam mit anderen durchs Leben zu gehen, Geborgenheit zu geben und Geborgenheit zu empfangen.

Du hast die Verantwortung, anderen zu vertrauen und selbst für andere vertrauenswürdig und ermutigend zu sein.

Orgelmeditation

Schriftwort (Kol 3, 12–15)
Im Brief an die Kolosser lesen wir:

Ihr seid von Gott geliebt,
seid seine auserwählten Heiligen.
Darum bekleidet euch mit aufrichtigem Erbarmen,
mit Güte, Demut, Milde, Geduld.
Ertragt euch gegenseitig und vergebt einander,
wenn einer dem anderen etwas vorzuwerfen hat.
Wie der Herr euch vergeben hat, so vergebt auch ihr!
Vor allem liebt einander, denn die Liebe ist das Band,
das alles zusammenhält und vollkommen macht.
In euren Herzen herrsche der Friede Christi;
dazu seid ihr berufen als Glieder des einen Leibes.
Seid dankbar!

Orgelmeditation

Gemeinsames Schuldbekenntnis
Vor dem allmächtigen Gott
bekennen wir unsere Schuld,
und voreinander gestehen wir ein,
dass wir gefehlt haben.
Wir bitten dich, allmächtiger Gott,
sei uns gnädig und vergib uns unsere Schuld,
wie auch wir vergeben unseren Schuldigern.
Amen.

Vergebungsbitte

Danklied
Herr, send herab uns deinen Sohn (GL 112, Advent)
Nun danket alle Gott (GL 266)
Ich will dir danken (GL 278)
In den letzten Tagen (Tr 157)

Zeichen der Buße

Segen – Verabschiedung

Orgelnachspiel

Der Sonntag

Orgelvorspiel

Begrüßung

Lied
Die Nacht ist vorgedrungen (GL 111, Advent)
Der Herr bricht ein um Mitternacht (GL 567)
Alles meinem Gott zu Ehren (GL 615)

Einleitung
In unserem Bußgottesdienst wollen wir über den Sonntag nachdenken.

Als Einleitung in das Thema hören wir eine Geschichte:

Eines Tages kamen die Tiere zusammen, weil auch sie Sonntag haben wollten. Der Löwe erklärte: „Wenn ich eine Gazelle verspeise, ist für mich Sonntag." Das Pferd meinte: „Mir genügt schon eine weite Koppel, damit ich stundenlang austraben kann." Das Faultier gähnte: „Ich brauche einen dicken Ast, um zu schlafen." Der Pfau stellte stolzierend fest: „Nur ein Satz neuer Schwanzfedern – er genügt für meinen Sonntag." So redeten die Tiere stundenlang, und alle Wünsche erfüllten sich. Aber Sonntag wurde es unter ihnen nicht.

Nach einer afrikanischen Sage

Jeder „feiert" seinen Sonntag anders. Für viele ist der Sonntag ein Tag wie jeder andere. Christen feiern den Sonntag, den ersten Tag der Woche, als Gedächtnis an die Auferstehung Jesu Christi. Jeder Sonntag ist ein Ostertag. Der jüdische Sabbat, am siebten Tag der Woche, erinnert an die Ruhe Gottes nach dem Schöpfungswerk. Auch dieser Gedanke fließt bei der Feier des Sonntags mit ein. Der Sonntag ist kein Tag wie jeder andere.

Gemeinsames Gebet

Atme in mir, du Heiliger Geist, dass ich Heiliges denke.
Treibe mich, du Heiliger Geist, dass ich Heiliges tue.
Locke mich, du Heiliger Geist, dass ich Heiliges liebe.
Stärke mich, du Heiliger Geist, dass ich Heiliges hüte.
Hüte mich, du Heiliger Geist, dass ich das Heilige nimmer verliere.
Amen.

Augustinus zugeschrieben

Stille

Gewissenserforschung

Schriftwort (Joh 20,19–20)
Im Johannesevangelium lesen wir:

Am Abend des ersten Tages der Woche, als die Jünger aus Furcht vor den Juden hinter verschlossenen Türen versammelt waren, kam Jesus, trat in ihre Mitte und sprach zu ihnen: Friede sei mit euch! Nach diesen Worten zeigte er ihnen seine Hände und seine Seite. Da freuten sich die Jünger, als sie den Herrn sahen.

Im Gottesdienst feiern wir die Auferstehung des Herrn, den Sieg des Lebens über den Tod, und danken Gott. Wir feiern das Gedächtnis Jesu Christi mit Gebeten und Liedern, Lesungen und Musik. Wir brechen das Brot und halten miteinander das Mahl, das Jesus der Kirche aufgetragen hat: „Tut dies zu meinem Gedächtnis!" So bringen wir in Erinnerung, was Jesus gesagt und getan hat. Das tun wir in der Kirche, der Gemeinschaft der Glaubenden, und als Glieder einer Gemeinde. Am Sonntagsgottesdienst teilzunehmen gehört zu den Selbstverständlichkeiten von Christen.

* Gehe ich zum Gottesdienst, oder schlafe ich „bis in die Puppen"? Betrachte ich die Teilnahme an der Eucharistiefeier als lästige Pflicht?

* Besuchen wir Eltern gemeinsam mit den Kindern den Gottesdienst, oder werden nur die Kinder geschickt?

- Trage ich dazu bei, die Gemeinschaft und den Glauben froh zu erleben, oder sitze ich passiv die Zeit in der Kirche ab?

- Helfe ich bei der Gestaltung des Gottesdienstes – als LektorIn – MessdienerIn – Mitglied im Chor …?

- Bemühe ich mich um ein vertieftes Verständnis für die Liturgie und die Eucharistie?

Orgelmeditation

Schriftwort (Gen 2,2–3)
Im Alten Testament, im Buch Genesis lesen wir:

Am siebten Tag vollendete Gott das Werk, das er geschaffen hatte, und er ruhte am siebten Tag, nachdem er sein ganzes Werk vollbracht hatte. Und Gott segnete den siebten Tag und erklärte ihn für heilig; denn an ihm ruhte Gott, nachdem er das ganze Werk der Schöpfung vollendet hatte.

Der Sonntag ist heilig, von Gott geheiligt, herausgehoben aus dem Alltäglichen. Im Buch Exodus (31,17) heißt es: Der Herr ruhte und atmete auf. Auf diese Verse gründet sich das alttestamentliche Gebot, am Sabbat zu ruhen. Das Wort „Sabbat" lässt sich mit „Ruhe" übersetzen. Gott selbst hat zuerst den Sabbat gefeiert, hat ihn gesegnet und für heilig erklärt. Menschen, die den Sabbat feiern, erleben gleichsam einen Vorgeschmack der ewigen Ruhe Gottes und des ewigen Gottesfriedens. Mit der Ruhe vollendet Gott seine Schöpfung. Ruhe gehört zu den Heilsgaben Gottes.
Der Sonntag ist ein Ruhetag. Wir können uns entspannen und neue Kräfte sammeln; wir können uns besinnen, zur Ruhe kommen und still werden – oder uns in den Trubel stürzen.

- Wie sieht mein Sonntag aus? Erhole ich mich von der Werktagsarbeit, oder arbeite ich Liegengebliebenes auf?

- Habe ich Zeit für mich? Schlage ich die Zeit tot?
  Sitze ich stundenlang vor dem Fernsehapparat?

- Teile ich den Sonntag mit anderen – mit der Familie – mit Freunden?

- Planen wir in unserer Familie den Sonntag gemeinsam, oder macht jeder, was er gerade will?
  Verplanen wir jeden Sonntag und verhindern damit jegliche Spontaneität?

- Helfe ich in der Küche mit, oder lasse ich mich nur bedienen?

- Erlebe ich das gemeinsame Essen als eine Familienfeier, oder schlinge ich das Essen möglichst schnell hinunter?

- Ist der Sonntag für mich ein Tag wie jeder andere? Mache ich mir Gedanken über die „Kultur" meines Sonntags?

Orgelmeditation

Gemeinsames Gebet
Herr, du kennst mich.
Ich bin weder ganz gut noch ganz schlecht,
weder gottlos noch gerecht.
Bei mir folgt auf das Vergehen die Buße
und auf die Vergebung wieder die Sünde.
Das ist nicht gut.
Herr, ich hoffe auf dein Heil,
obwohl ich dir nicht treu gedient habe.
An einem einzigen Tag ändere ich mich tausendmal,
wie ein Rad drehe ich mich unzählige Male.
Mit meinem Weizen ist Unkraut vermischt …
Sei barmherzig, Herr, mit meinem Wankelmut.
Geh nicht ins Gericht mit meiner Unbeständigkeit.
Du, der ewig Beständige,
der sich nicht wandelt,
du bist mir Anfang, Ende und Mitte.
Amen.

Gotteslob, Nr. 7,5

Gemeinsames Schuldbekenntnis

Vor dem allmächtigen Gott
bekennen wir unsere Schuld,
und voreinander gestehen wir ein,
dass wir gefehlt haben.
Wir bitten dich, allmächtiger Gott,
sei uns gnädig und vergib uns unsere Schuld,
wie auch wir vergeben unseren Schuldigern.
Amen.

Vergebungsbitte

Danklied

Dein Lob, Herr, ruft der Himmel aus (GL 263)
Das ist der Tag, den Gott gemacht (GL 220)
Erfreue dich, Himmel (GL 259)

Zeichen der Buße

Segen – Verabschiedung

Orgelnachspiel

Der barmherzige Vater

Orgelvorspiel

Begrüßung

Lied
Ich steh vor dir mit leeren Händen (GL 621)
Mit Ernst, o Menschenkinder (GL 113)
Wer nicht umkehrt (T.: Sybille Fritsch-Oppermann / M.: Peter
  Janssens)
Meine engen Grenzen (T.: Eugen Eckert / M.: Winfried Herrich)

Einleitung
Das Gleichnis vom barmherzigen Vater gehört zu den bekanntesten
und schönsten Texten des Neuen Testaments.
Jesus erzählt die Geschichte, weil sein Umgang mit Sündern kriti-
siert wird.
Eine Geschichte aus dem Leben, auch heute aktuell: Kinder, Söhne,
Töchter gehen weg, Eltern leiden darunter ... Denken Sie bei diesem
Gleichnis ruhig an Beispiele aus dem Leben, Ihrem Leben, dem Ihrer
Familie. Fragen Sie: Wo trifft die Geschichte mich?

Gemeinsames Gebet
Herr, gib mir immer wieder Freude und Trost in deinen Schriften.
Hilf, dass ich sie richtig verstehe – nach deiner Wahrheit, nicht in
meinem Sinn.
Lass mich das Wort in ihnen finden, das mir hilft, so zu leben, wie
es deinem Plan entspricht.
Herr, mein Gott, du Licht der Blinden, du Kraft der Schwachen, ver-
schließ uns nicht das Geheimnis deines Gesetzes, wenn wir anklop-
fen. Offenbare uns deine Geheimnisse.

Augustinus

Schriftwort (Lk 15,11–24)

Weiter sagte Jesus: Ein Mann hatte zwei Söhne. Der jüngere von ihnen sagte zu seinem Vater: Vater, gib mir das Erbteil, das mir zusteht. Da teilte der Vater das Vermögen auf. Nach wenigen Tagen packte der jüngere Sohn alles zusammen und zog in ein fernes Land. Dort führte er ein zügelloses Leben und verschleuderte sein Vermögen. Als er alles durchgebracht hatte, kam eine große Hungersnot über das Land, und es ging ihm sehr schlecht. Da ging er zu einem Bürger des Landes und drängte sich ihm auf; der schickte ihn aufs Feld zum Schweinehüten. Er hätte gern seinen Hunger mit den Futterschoten gestillt, die die Schweine fraßen; aber niemand gab ihm davon. Da ging er in sich und sagte: Wie viele Tagelöhner meines Vaters haben mehr als genug zu essen, und ich komme hier vor Hunger um. Ich will aufbrechen und zu meinem Vater gehen und zu ihm sagen: Vater, ich habe mich gegen den Himmel und gegen dich versündigt. Ich bin nicht mehr wert, dein Sohn zu sein; mach mich zu einem deiner Tagelöhner. Da brach er auf und ging zu seinem Vater. Der Vater sah ihn schon von weitem kommen, und er hatte Mitleid mit ihm. Er lief dem Sohn entgegen, fiel ihm um den Hals und küßte ihn. Da sagte der Sohn: Vater, ich habe mich gegen den Himmel und gegen dich versündigt; ich bin nicht mehr wert, dein Sohn zu sein. Der Vater aber sagte zu seinen Knechten: Holt schnell das beste Gewand, und zieht es ihm an, steckt ihm einen Ring an die Hand, und zieht ihm Schuhe an. Bringt das Mastkalb her, und schlachtet es; wir wollen essen und fröhlich sein. Denn mein Sohn war tot und lebt wieder; er war verloren und ist wiedergefunden worden. Und sie begannen, ein fröhliches Fest zu feiern.

Stille

Gedanken zum Gleichnis

Ein Mann, zwei Söhne, ein reicher Landbesitzer mit Äckern, Vieh, Knechten und Mägden, Wohlstand. Ein geordnetes, behütetes, patriarchalisches Familienleben. Dem jüngeren Sohn gefällt das alles nicht mehr; die Ordnung und die Arbeit nach der Uhr empfindet er als eintönig und langweilig. Er will fort, in die Welt, um etwas zu

erleben. Abenteuerlust, Freiheitsdrang. Einmal ganz ungebunden leben! „Vater, gib mir mein Erbteil." Er fordert es, als sei sein Vater tot.
Er lebt, aber für seinen Sohn ist er wie lebendig begraben.

Was mag in dem Vater vorgehen? Weshalb tut das der Junge? Er hat
doch alles. Er rennt ins Unglück. Ich liebe ihn doch. Aber der Junge
will sich nicht so lieben lassen, wie der Vater es will. Gib mir mein
Erbteil! Der Vater gibt es ihm, er lässt ihm die Freiheit.

Frei sein wollen – ein verständlicher Wunsch. Hat nicht jeder irgend-
wann Sehnsucht nach Freiheit in der großen, weiten Welt? Was hält
denn viele daheim? Gewohnheit, Scheu vor dem Risiko, Bequemlichkeit, Mangel an Gelegenheit … ?

Mit viel Geld in der Tasche verlässt der junge Mann das Elternhaus.
Endlich frei! Jetzt kann er leben. Er lebt, und wie! Der Phantasie
oder dem Schrecken sind keine Grenzen gesetzt. Solange der junge
Mann Geld besitzt, findet er viele Freunde. Doch eines Tages ist das
Geld ausgegeben. Verspielt, verjubelt, vertan. Das Risiko der Freiheit.
Arbeitslos und hungrig endet er bei den Schweinen. Für jüdische
Ohren das Entwürdigendste, das einem Menschen zustoßen kann.
Tiefer kann keiner sinken. Ein Mensch verliert seine Würde.

Im tiefsten Elend denkt er an seinen Vater. Er erinnert sich an die
Zeit zu Hause, an die behütete Kindheit und Jugend, die Liebe und
Geborgenheit.

Ich möchte wieder zu Hause leben, und sei es als Sklave. So macht
er sich auf den Heimweg. Von weitem schon sieht ihn sein Vater; er
hat auf ihn gewartet; er geht ihm entgegen. Er war mitgegangen,
deshalb konnte der Sohn heimkommen.

Die Geschichte hätte auch anders verlaufen können. Der Vater hätte
sagen können: Aha, da bist du wieder. – War wohl nichts mit deiner
Freiheit. – Du wärst wohl besser daheim geblieben. – Du hast ja
nicht auf mich gehört. – Geschieht dir recht. – Habe ich dich nicht
gewarnt? – Das musste ja so kommen. – Du wusstest es ja besser …
Und der Vater hätte mit solchen Äußerungen Recht gehabt. Aber er
demütigt seinen Sohn nicht noch mehr, er drückt ihn nicht noch tiefer. Der Sohn soll sich nicht schämen müssen. Der junge Mann sagt:
Ich bin nicht mehr wert, dein Sohn zu sein. Der Vater antwortet: Ich
freue mich, dass du wieder da bist. Jetzt feiern wir ein Fest. Der Kir-

chenlehrer Johannes Chrysostomus sagt es so: „Wo Liebe sich freut, da ist ein Fest."

Egal, was ein Mensch tut, und sei es noch so schlimm, Gott wartet auf ihn, er nimmt ihn auf – ohne Vorwurf und Abrechnung, ohne Demütigung.

Man hat das Gleichnis „Evangelium im Evangelium" genannt, „die Frohe Botschaft in der Frohen Botschaft".

Orgelmeditation

Gewissenserforschung

Menschen haben Rechte und Pflichten. Nicht immer ist es leicht, beides miteinander in Einklang zu bringen.

* Denke ich immer zuerst an mich selbst? Bin ich im Beruf, in der Familie, in Gruppen nur auf meinen Vorteil bedacht, auch auf Kosten anderer?
Lasse ich mich ständig ausnutzen?

* Will ich immer meine Meinung oder meinen Willen durchsetzen?
Kann ich nachgeben? Kann ich verzichten?
Bin ich bereit zum Teilen?

Stille

Gott hat uns das Leben, Fähigkeiten und Begabungen geschenkt. Wir können unsere Gaben pflegen und ausbilden, aber auch vertun, was wir haben und können.

* Nehme ich mein Leben so an, wie es ist?
Sage ich ja zu mir selbst?
Versuche ich wenigstens, ja zu mir zu sagen?
Kann ich mich gut leiden?

* Vergleiche ich mich ständig mit anderen, die mehr besitzen und mehr können als ich?
Bin ich auf sie neidisch?

* Suche ich meine Fähigkeiten und Talente zu entdecken?
Danke ich Gott – meinen Eltern – Lehrern – Freunden …?

- Vernachlässige oder vergrabe ich meine Fähigkeiten – aus Gedankenlosigkeit, Bequemlichkeit?

- Bemühe ich mich um einen bescheidenen Lebensstil?
  Gönne ich mir auch Zeit für mich selbst?
  Nehme ich mir Zeit für meinen Glauben?

Orgelmeditation

Wer sich von Gott und von seinen Mitmenschen entfernt hat, kann umkehren.

- Habe ich Achtung vor anderen Menschen? Sehe ich in ihnen Kinder Gottes, Schwestern und Brüder Jesu?

- Habe ich Mut, mein Versagen zuzugeben und um Verzeihung zu bitten?

- Wie verhalte ich mich Kindern, älteren Menschen und Behinderten gegenüber? Von oben herab – hilfsbereit – offen – freundlich …?

Stille

Gott wartet auf jedes seiner Kinder. Er nimmt jeden und jede auf – ohne Vorwurf und ohne Demütigung.

- Glaube ich an den barmherzigen Gott? Suche ich Verbindung mit ihm – im Gebet – im Gottesdienst?
  Lasse ich die Verbindung zu ihm einschlafen – aus Faulheit oder Desinteresse?

- Vertraue ich auf die Vergebung Gottes? Bitte ich Gott um Vergebung?
  Vertraue ich mich ihm an?

- Nehme ich Angebote zur religiösen Weiterbildung wahr?

- Bekenne ich meinen Glauben? Trete ich mit Zivilcourage für meine Überzeugung ein?
  Sehen andere an meinem Verhalten, dass ich Christ/Christin bin?

Orgelmeditation

Gemeinsames Gebet

Zeige mir, Herr, deine Wege,
lehre mich deine Pfade!
Führe mich in deiner Treue und lehre mich;
denn du bist der Gott meines Heiles.
Auf dich hoffe ich allezeit.

Denk an dein Erbarmen, Herr,
und an die Taten deiner Huld;
denn sie bestehen seit Ewigkeit.

Denk nicht an meine Sünden und meine Frevel!
In deiner Huld denk an mich, Herr,
denn du bist gütig.

Gut und gerecht ist der Herr,
darum weist er die Irrenden auf den rechten Weg.

Die Demütigen leitet er nach seinem Recht,
die Gebeugten lehrt er seinen Weg.

Psalm 25,4–9

Gemeinsames Schuldbekenntnis

Vor dem allmächtigen Gott
bekennen wir unsere Schuld,
und voreinander gestehen wir ein,
dass wir gefehlt haben.
Wir bitten dich, allmächtiger Gott,
sei uns gnädig und vergib uns unsere Schuld,
wie auch wir vergeben unseren Schuldigern.
Amen.

Vergebungsbitte

Danklied
Herr, send herab (GL 112, Advent)
Lasst uns loben, freudig loben (GL 637)
Von guten Mächten treu und still umgeben (Tr 441)

Zeichen der Buße

Segen – Verabschiedung

Orgelnachspiel

Darauf kommt's doch nicht an!

Lied
Worauf sollen wir hören (GL 623)

Begrüßung

Einleitung – Hinführung zum Thema

Das Thema unseres Bußgottesdienstes in der Fastenzeit heißt:
Darauf kommt's doch nicht an!
Oft sprechen wir so.
Wer das sagt, kann großzügig erscheinen: Er ist nicht kleinlich. Er nimmt manches nicht so wichtig und übersieht es.
Darauf kommt's doch nicht an!
Wer das sagt, ist oft großzügig, wenn es um seine eigene Entschuldigung geht, aber selten großzügig in der Be- und Verurteilung anderer.
Der Bußgottesdienst heute soll uns auf kleine Dinge im Alltag hinweisen, auf Dinge, die wir für unbedeutend halten, die aber nicht unbedeutend sind.
In Alltagskleinigkeiten erschöpft sich keineswegs das Christentum, aber viele tausend kleine Dinge bestimmen unser Leben.
Ein Gleichnis im Matthäusevangelium handelt von anvertrauten Talenten. Zur Zeit Jesu war das Talent eine Geldeinheit. Wir erweiterten den Begriff Talent: Es kann eine Begabung und eine besondere Fähigkeit sein, die ein Mensch besitzt; Talente können Chancen sein, die ein Mensch nützt oder die er vergräbt; Situationen, in denen er ein gutes Wort sagt oder ein böses, ein tröstendes oder ein Wort, das verletzt oder gar zerstört; Talente – Chancen sind manchmal Begegnungen und Erlebnisse, kleine und große Geschenke.
Im Gleichnis von den anvertrauten Talenten kehrt zweimal der Satz wieder: „Du hast dich in kleinen Dingen als zuverlässig erwiesen,

darum werde ich dir auch Größeres anvertrauen. Komm zu meinem Fest und freu dich mit mir!"

Evangelium (Mt 25, 14–28a)
Jesus erzählte folgende Geschichte:

Es ist wie bei einem Mann, der verreisen wollte. Er rief vorher seine Diener zusammen und vertraute ihnen sein Vermögen an.

Dem einen gab er fünf Talente, dem anderen zwei Talente und dem dritten eines, je nach ihren Fähigkeiten. Dann reiste er ab.

Der erste, der die fünf Talente bekommen hatte, begann mit ihnen zu wirtschaften, und er gewann noch fünf dazu.

Ebenso machte es der zweite: Zu seinen zwei Talenten gewann er noch zwei hinzu. Der aber, der nur ein Talent bekommen hatte, grub ein Loch in die Erde und versteckte das Gut seines Herrn. Nach langer Zeit kam der Herr zurück und wollte mit seinen Dienern abrechnen.

Der erste, der die fünf Talente erhalten hatte, trat vor und sagte: „Herr, du hast mir fünf Talente anvertraut, ich habe noch weitere fünf dazuverdient; hier sind sie."

„Sehr gut", sagte sein Herr, „du bist ein tüchtiger und treuer Mann. Du hast dich in kleinen Dingen als zuverlässig erwiesen, darum werde ich dir auch Größeres anvertrauen. Komm zu meinem Fest und freu dich mit mir!"

Dann kam der mit den zwei Talenten und sagte: „Du hast mir zwei Talente gegeben, Herr, und ich habe noch einmal zwei dazugewonnen."

„Sehr gut", sagte der Herr, „du bist ein tüchtiger und treuer Mann. Du hast dich in kleinen Dingen als zuverlässig erwiesen, darum werde ich dir auch Größeres anvertrauen. Komm zu meinem Fest und freu dich mit mir!"

Zuletzt kam der mit dem einen Talent und sagte:

„Herr, ich wusste, dass du ein harter Mann bist. Du erntest, wo du nicht gesät hast, und sammelst ein, wo du nicht ausgeteilt hast. Deshalb hatte ich Angst und habe dein Talent vergraben. Hier hast du es zurück."

Da sagte der Herr zu ihm: „Du bist ein Faulpelz und Taugenichts. Wenn du wusstest, dass ich ernte, wo ich nicht gesät habe, und sammle, wo ich nichts ausgeteilt habe, warum hast du dann das Talent nicht wenigstens auf die Bank gebracht? Dann hätte ich es mit Zinsen zurückbekommen.

Darum nehmt ihm das Talent weg."

Aus: Die gute Nachricht

Orgelmeditation

Gemeinsames Gebet

Herr, unser Gott,
wer von dir weggegangen ist,
kann wieder zu dir zurückkehren.
In deiner Liebe nimmst du jeden auf.
Wir bitten dich:
Mach uns offen für dich und dein Wort.
Sprich zu uns und heile uns.
Auf dich vertrauen wir
heute und alle Tage.
Amen.

Oder: Gotteslob, Nr. 7,4

Gewissenserforschung

Spr. 1: Es ist Sonntag.
Die Sonne scheint.

Spr. 2: Heute habe ich keine Lust,
zum Gottesdienst zu gehen.
Darauf kommt's doch nicht an.
Vielleicht gehe ich nächsten Sonntag.
Soll ich noch beten?
Ich bin müde.

Das sage ich einmal, zweimal, dreimal …
Schließlich habe ich beten verlernt.

Spr. 1: In der Familie.
Ein Umgangston fast wie auf dem Kasernenhof.

Spr. 2: Weshalb soll ich „Bitte" sagen, wenn ich etwas haben *will*?
Aber darauf kommt es doch auch nicht an.

Spr. 1: Kinder werden verwöhnt und Ansprüche gezüchtet,
damit Eltern ihre Ruhe haben.
Kinder fordern von ihren Eltern Toleranz,
verhalten sich selbst aber intolerant.

Spr. 2: Ein freundliches Wort, eine Handreichung,
ein bisschen Geduld und Rücksichtnahme –
warum kommt es eigentlich nicht darauf an?

Orgelmeditation

Spr. 1: Im Straßenverkehr.
Die Ampel zeigt „Gelb".

Spr. 2: Da komm ich noch rüber.

Spr. 1: Die paar Gläschen, die ich getrunken habe.
Da kann ich doch noch fahren.

Spr. 2: Einmal Hasch probiert.
Man muss es doch kennen.
Außerdem: Darauf kommt's doch nicht an.

Spr. 1: Die paar Zigarettenkippen, die eine Coladose,
die eine Plastiktüte –
das verträgt der Wald doch.
Darauf kommt's doch nicht an.

Spr. 2: In der Ehe.
Ein Seitensprung.
Einmal ist keinmal.

Spr. 1: So?
Einmal *ist* einmal.

Orgelmeditation

Spr. 1: Am Arbeitsplatz.

Spr. 2: Der eine Schraubenzieher, die paar Blätter Papier,
die paar Ortsgespräche.
Daran geht die Firma nicht zu Grunde.

Spr. 1: Im Kaufhaus.

Spr. 2: Die Regale stehen so voll.
Es merkt doch keiner, wenn ich ein Stück
mitgehen lasse.

Spr. 1: Steuern bezahlen.
Der Staat verschwendet so viel.
Warum soll ich denn dem Finanzamt alles angeben?

Spr. 2: Spenden – Kollekten.
Auf meine Mark kommt es doch nicht an.

Spr. 1: Weshalb soll ich immer die Wahrheit sagen,
wenn ich mit einer Lüge weiter komme?
Ich will ja niemandem schaden.

Orgelmeditation

Spr. 2: Wir nennen uns Christen.
Eigentlich gilt für uns das Gebot der Nächstenliebe.
Den fernen Nächsten, der mir nicht nahe kommt,
zu lieben ist leichter, als den nahen Nächsten
zu lieben, mit dem ich häufig zusammen bin.

Spr. 1: Den Splitter im Auge des anderen erkenne ich sofort,
den Balken im eigenen Auge übersehe ich großzügig.
Darauf kommt's doch nicht an.

Spr. 2: Es heißt aber:
Du sollst deinen Nächsten lieben wie dich selbst.
Darauf kommt es an!

Orgelmeditation

Gemeinsames Gebet

Vater,
mit kleinen Schwächen begann es,
oft nur unsicher und zögernd.
Doch dann folgte Schritt auf Schritt.
Die erste Gewissenshürde war klein.
Ich stolperte weiter.
Ich gewöhnte mich daran.

Vater, verzeihe mir, halte mich.
Gib mir Mut, Demut und Kraft zur Umkehr.
Hilf meinen Schritten.

Mach meine Wege gerade,
dass ich nicht mehr stolpere, nicht falle,
sondern weiß, du bist an meiner Seite,
der Weg ist richtig.

Gemeinsames Schuldbekenntnis

Vor dem allmächtigen Gott bekennen wir unsere Schuld,
und voreinander gestehen wir ein, dass wir gefehlt haben.
Wir bitten dich, allmächtiger Gott,
sei uns gnädig und vergib uns unsere Schuld,
wie auch wir vergeben unseren Schuldigern.
Amen.

Vergebungsbitte

Lied

Wohl denen, die da wandeln (GL 614)
Worauf es ankommt (Tr 483)

Zeichen der Buße

Segenswort – Verabschiedung

Orgelnachspiel

Fange nie an aufzuhören, höre nie auf anzufangen

Material: Bild von einem Stern

Orgelvorspiel

Begrüßung

Lied
„Wachet auf", ruft uns die Stimme (GL 110)

Einleitung – Hinführung zum Thema
Unser Bußgottesdienst hat das Thema: Fange nie an aufzuhören; höre nie auf anzufangen.

Dazu hören Sie folgende Geschichte, die überschrieben ist mit „Wieder aufstehen":

Ein junger Geistlicher soll im Gefängnis predigen. Tagelang sucht er Formulierungen, die geeignet scheinen, harte Herzen zu erweichen. Als er den Saal betritt, erschauert er unter der Kälte der höhnischen Gesichter. Mit einem stummen Gebet um Erleuchtung steigt er zur Kanzel hinauf. Auf der vorletzten Stufe stolpert er, und über sämtliche verfügbaren Körperteile rollt er ins Parkett zurück. Das Auditorium brüllt vor Lachen.

Einen Augenblick lang fühlt sich der Geistliche von Schmerz und Scham gelähmt.

Dann springt er auf, stürmt die Treppe empor und lacht auf die Gestreiften hinunter: „Deswegen, Männer, bin ich gekommen: Ich wollte euch zeigen, dass man wieder aufstehen kann, wenn man gestürzt ist!"

Eberhard Puntsch

Ein Abschnitt aus der Predigt eines Theologen passt gut zu dieser Geschichte:

„Falsche Bescheidenheit fängt dort an, wo ich mir nicht mehr zu-
traue, dass es mit mir selbst noch einmal anders werden könnte. Sie
fängt dort an, wo es menschlich mit mir zum Stillstand kommt, wo
ein menschliches Wachsen aufhört und ich resigniert sage: So bin
ich nun einmal, und das wird wohl auch nicht anders werden, und
auch die anderen müssen sich damit abfinden.

Ein gütiger Mensch zu werden, das ist bei mir nicht mehr drin; ein
geistig aufgeschlossener Mensch zu werden, das ist vorbei, ein
Mensch mit Unternehmungsgeist zu sein, das kommt für mich nicht
in Frage.

Da wird es gefährlich; denn da breitet sich ... Trägheit aus. Sie besteht darin, dass ein Mensch sich nicht mehr aufschwingen will zu
den Möglichkeiten, die er eigentlich hätte und haben sollte" (Adolf
Exeler).

Kurze Orgelmeditation

Gemeinsames Gebet

Herr, du bist da, wenn wir uns hier versammeln;
Herr, du bist nah, wir tragen deinen Namen,
du bist mitten unter uns.

Herr, du bist da, wenn wir als Freunde leben;
Herr, du bist nah, du bist, was uns verbindet,
du bist mitten unter uns.

Herr, du bist da, wenn wir für andere sorgen;
Herr, du bist nah, du öffnest uns die Augen,
du bist mitten unter uns.

Herr, du bist da, wenn wir nicht stehen bleiben;
Herr, du bist nah, du treibst uns an zum Gehen,
du bist mitten unter uns.

Herr, du bist da, wenn wir gemeinsam hoffen;
Herr, du bist nah, du bist die Zukunft selber,
du bist mitten unter uns.

Verfasser unbekannt

Überleitung zur Gewissenserforschung

Während der Gewissenserforschung sehen Sie ein Bild – einen Stern. Er leuchtet im Dunkel und zeigt einen Weg. Das Bild kann an die Hoffnung erinnern, die uns auf unserem Weg stärkt. Hoffnung ist Licht für unsere Wege. Dieses Licht wird heller, wenn wir weitergehen, nicht stehen bleiben und aufgeben.

Wer umkehrt zu Gott und zu seinen Mitmenschen, erfährt das Licht und schenkt es anderen. Wer umkehrt von Abwegen und Irrwegen, der kann darauf vertrauen: Gott kommt ihm entgegen.

Gewissenserforschung

Ich bin enttäuscht, wenn sich mein Bemühen nicht zu lohnen scheint oder von anderen nicht anerkannt wird.
Resigniert sage ich:

* Ich habe so oft gebetet;
  ich habe den Gottesdienst mitgefeiert;
  ich habe in der Heiligen Schrift gelesen.

Hat sich dadurch etwas in meinem Leben geändert?

* Wir haben einander immer wieder zugehört;
  wir haben nachgegeben und gemeinsam Kompromisse gesucht;
  wir sind aufeinander zugegangen und haben uns die Hand gereicht.

Trotzdem fallen wir uns oft zur Last.
Trotzdem will einer immer Recht behalten.

Kurze Orgelmeditation

* Wir haben unseren Kindern nach unseren Möglichkeiten alle Wünsche erfüllt;
  wir haben sie umsorgt und immer nur das Beste für sie gewollt.

Trotzdem gehen sie ihre eigenen Wege,
ohne uns zu danken.

* Ich arbeite zuverlässig, ich bin pünktlich;

ich gebrauche nicht die Ellenbogen;
ich helfe anderen, wenn sie nicht weiterkommen.

Warum honoriert und dankt mir das keiner?

- Ich werfe meine Abfälle in den Mülleimer;
  ich sortiere Glas und Papier zur Wiederverwertung aus;
  ich gehe sparsam mit Energie um.

Nützt das eigentlich etwas, wenn *ich* das mache?

- Als Autofahrer nehme ich Rücksicht auf die Fußgänger;
  als Fußgänger gehe ich nur bei Grün über die Straße;
  im Bus biete ich meinen Sitzplatz immer älteren und behinderten
  Menschen an.

Ich komme mir dabei oft recht dumm und rückständig vor.

Kurze Orgelmeditation

- Wenn ich Sorgen habe und in Not bin,
  wende ich mich an Gott.

Hört er mich? Hilft er mir?

Wenn ich glücklich und zufrieden bin,
brauche ich Gott anscheinend nicht.

Warum danke ich ihm nicht einmal dafür?

Fange nie an, die Hoffnung aufzugeben,
   einen anderen Menschen aufzugeben …

Fange nie an, deine täglichen Aufgaben zu vernachlässigen,
   andere oder dich selbst zu verachten …

Fange nie an, dich von anderen abzukapseln,
   nur an dich selbst zu denken …

Höre nie auf, Gott zu vertrauen,
   deinen Mitmenschen zu vertrauen …

Höre nie auf, trotz Enttäuschung deinen Nächsten und
   dich selbst zu lieben,
      zu beten und den Gottesdienst mitzufeiern ...

Höre nie auf zu glauben.

Kurze Orgelmeditation

Schrifttext (2 Petr 1, 5–10)
Der Apostel Petrus schreibt in seinem zweiten Brief:

Darum setzt allen Eifer daran, mit eurem Glauben die Tugend zu
verbinden, mit der Tugend die Erkenntnis, mit der Erkenntnis die
Selbstbeherrschung, mit der Selbstbeherrschung die Ausdauer, mit
der Ausdauer die Frömmigkeit, mit der Frömmigkeit die Brüderlichkeit und mit der Brüderlichkeit die Liebe. Wenn dies alles bei euch
vorhanden ist und wächst, dann nimmt es euch die Trägheit und
Unfruchtbarkeit, so daß ihr Jesus Christus, unseren Herrn, immer
tiefer erkennt. Wem dies aber fehlt, der ist blind und kurzsichtig; er
hat vergessen, daß er gereinigt worden ist von seinen früheren Sünden. Deshalb, meine Brüder, bemüht euch noch mehr darum, daß
eure Berufung und Erwählung Bestand hat. Wenn ihr das tut, wer-
det ihr niemals scheitern.

Gemeinsames Gebet
Gott, du bist es,
auf den ich meine Hoffnung setze.
Du hast durch das Leben, den Tod und die Auferstehung
deines Sohnes die Welt erneuert und wirst sie einmal vollenden.
Von daher bekommt mein Leben Sinn und Richtung.
So erwarte ich für mich und alle Menschen
Vergebung, Heil und künftige Herrlichkeit,
denn du bist getreu.
Hilf mir, in dieser Hoffnung zu leben.
Vor dem allmächtigen Gott
bekennen wir unsere Schuld,

und voreinander gestehen wir ein,
dass wir gefehlt haben.
Wir bitten dich, barmherziger Gott,
sei uns gnädig und vergib uns unsere Schuld,
wie auch wir vergeben unseren Schuldigern.
Amen.

Vergebungsbitte

Lied
Morgenstern der finstern Nacht (GL 555, 1–4)

Zeichen der Buße

Segen – Abschiedswort

Orgelnachspiel

Nägel und Spitzen

Material: einen Nagel für jeden

Orgelvorspiel

Begrüßung

Lied
Herr, dir ist nichts verborgen (GL 292, 1–3)

Einleitung
Ein Nagel – nützlich und notwendig zum Bauen und Basteln, zum Zusammenfügen und Halten.
Sie haben einen Nagel bekommen: Behalten Sie ihn während des Bußgottesdienstes in Ihrer Hand und nehmen Sie ihn mit nach Hause. Er soll Sie an Erlebnisse mit Nägeln erinnern. Vielleicht haben Sie einmal mit einem Hammer einen Nagel einschlagen wollen und dabei Ihren Daumen getroffen, was sehr weh tut. Oder Sie haben einen Nagel krumm geschlagen und das verbogene Stück wieder herausziehen müssen.
Nagelspitzen und Nadelstiche verletzen. Rostige Nägel und Nadeln verursachen Infektionen.

Sie kennen Sprichwörter und Redensarten:
Wenn man den Kopf des Nagels trifft, trifft man auch seine Spitze. Im übertragenen Sinne könnte damit auch das Sprichwort gemeint sein: Man schlägt den Sack und meint den Esel.
Menschen können für andere Nägel sein: Hilfen oder Sargnägel.
Menschen werden häufig festgenagelt.
Jesus wurde festgenagelt – am Kreuz, nicht bloß im übertragenen Sinn.

Kurze Stille

Kyrie

Herr Jesus, du rufst die Menschen zur Umkehr (GL 495,4)

Gemeinsames Gebet

Herr, unser Gott,
du kennst uns besser, als wir uns selbst kennen,
du weißt um unser Versagen und um unseren guten Willen,
du siehst unsere Schwächen und unsere Stärken.
Gib uns Mut, dass wir uns selbst nichts vormachen,
schenke uns Einsicht und Kraft zur Umkehr,
zeige uns Wege zu einem Leben nach der Weisung Jesu.
Darum bitten wir dich durch Christus, unseren Herrn.
Amen.

Gewissenserforschung

Nägel – Spitzen – Stiche – Nadelstiche ...
Menschen nageln andere fest –
mit deren Vergangenheit,
mit alter Schuld, Unterlassungen, Vorwürfen,
mit Worten und nicht gehaltenen Versprechen:
Wer einmal lügt, ...
Du hast mich einmal belogen, du wirst mich immer wieder belügen!
Du fängst immer an!
Du hast doch damals, vor 10 Jahren ...!
Menschen nageln andere so fest, dass diese wie gelähmt sind.

Nadelstiche können tief verletzen und Wunden reißen.
Gemeinschaften zerbrechen, Freundschaften enden.
Eine spitze Zunge verursacht schmerzhafte Stiche; Wunden bleiben.
Eine giftige Zunge versprüht Gift. Tödlich kann es wirken.

Aus einer solchen Erfahrung betet ein Mensch des Alten Bundes:
„Herr, stell eine Wache vor meinen Mund,
eine Wehr vor das Tor meiner Lippen!
Gib, daß mein Herz sich bösen Worten nicht zuneigt,
daß ich nichts tue, was schändlich ist ..." (Ps 141, 3–4a).

Kurze Orgelmeditation

Eine Politik der Nadelstiche wird nicht nur in der großen Politik ge-
übt. Immer wieder trifft ein kleiner Stich, der sitzt. Steter Tropfen
höhlt den Stein. Es wäre doch gelacht, wenn ich den nicht kleinkrie-
ge!
Voller Ironie spielt einer seine Überlegenheit über andere aus: Er
demütigt sie, stellt sie bloß und blamiert sie – sogar vor anderen,
öffentlich.

Beißende Kritik und Spott machen Menschen fertig. Sie sind erledigt,
preisgegeben der Lächerlichkeit.

Gott will Menschen groß machen, nicht klein.
Der Apostel Jakobus schreibt:
„Wer meint, er diene Gott, aber seine Zunge nicht im Zaum hält,
der betrügt sich selbst" (Jak 1, 26).

Menschen nageln andere durch Vorurteile fest.
Von dem ist gar nichts anderes zu erwarten! Bei *der* Familie!
Mit einem solchen Vorleben! Seine Herkunft sagt alles!
Wie *die* schon aussieht! Wie *der* sich benimmt!
Lieber würde ich verhungern, als von dem ein Stück trockenes Brot
anzunehmen.

Jesus sagt: „Warum siehst du den Splitter im Auge deines Bruders,
aber den Balken in deinem Auge bemerkst du nicht? ... Du Heuch-
ler! Zieh zuerst den Balken aus deinem Auge, dann kannst du versuchen, den Splitter aus dem Auge deines Bruders herauszuziehen"
(Mt 7, 3.5).

Kurze Orgelmeditation

Ein Nagel, dessen Spitze umgebogen ist, verletzt nicht mehr.
Auch das will Jesus mit seinem Leben und Sterben uns sagen:
Biegt den Nägeln und Nadeln, mit denen ihr euch verletzt, die Spit-
zen um.

Wer ein hartes Wort zurücknimmt oder es abmildert, wer um Entschuldigung bittet, Unrecht bereut und es wieder gutmacht, der biegt Nägeln die Spitzen um.

Es tut mir Leid. – Ich habe es nicht so gemeint. – Lass uns wieder gut sein. – Lass uns wieder neu beginnen. – Kleine, gute Worte entfalten große Kraft. Wunden vernarben und heilen.

Wenn Menschen einander Chancen geben, wenn sie aufeinander zugehen und Kompromisse schließen, beginnen sie einen Weg der Heilung.

Jesus sagt:
„Selig die Barmherzigen;
denn sie werden Erbarmen finden.
Selig, die ein reines Herz haben;
denn sie werden Gott schauen.
Selig, die Frieden stiften;
denn sie werden Söhne Gottes genannt werden"
(Mt 5, 7–9).

Orgelmeditation

Gemeinsames Gebet
Herr, unser Gott,
du hast uns Jesus gesandt,
nicht um uns zu verurteilen,
sondern um uns zu retten.
Nimm uns an,
so wie wir hier sind –
mit unserem Versagen, unserer Schuld
und unserem Vertrauen auf deine Güte,
die du uns durch Jesus gezeigt hast.
Herr,
zerbrich den Kreis des Bösen
um Jesu willen,
der unsere Schuld getragen hat.

Vor dem allmächtigen Gott
bekennen wir unsere Schuld,
und voreinander gestehen wir ein,
dass wir gefehlt haben.
Wir bitten dich, allmächtiger Gott,
sei uns gnädig und vergib uns unsere Schuld,
wie auch wir vergeben unseren Schuldigern.
Amen.

Vergebungsbitte

Danklied
Lasst uns loben (GL 637, 1–3)

Zeichen der Buße

Segen – Verabschiedung

Orgelnachspiel

... der werfe den ersten Stein

Orgelvorspiel

Begrüßung

Lied
Bekehre uns (GL 160)
Sag ja zu mir (GL 165)
Herr, dir ist nichts verborgen (GL 292)

Einleitung
„Wer von euch ohne Sünde ist, der werfe als erster einen Stein auf sie."
So sagt Jesus zu den Anklägern, die eine Frau zu ihm bringen, die beim Ehebruch ertappt worden war. Nach dem Gesetz hat die Frau den Tod durch Steinigung verdient. Jesus aber erinnert die Ankläger an ihre eigene Sünde und Schuld. Bevor sie andere verurteilen, sollen sie sich selbst, ihr Leben und Verhalten betrachten.
Vielleicht sagen manche: Bei uns gibt es keine Steinigung. Niemand wird wegen einer Sünde öffentlich angeklagt und verurteilt.
Ja, das stimmt. Aber werden nicht auch bei uns Steine geworfen: Worte, die andere verletzen oder sogar töten können? Dafür gibt es den Begriff „Rufmord". Menschen wird die Ehre abgeschnitten, sie werden verurteilt und vorverurteilt. Das kann mit Sätzen beginnen wie: Das ist wieder typisch für den! – Das geschieht ihr recht. – Ich würde so etwas nie tun!
Die Fehler anderer zu sehen ist leichter, als die eigenen zu entdecken. Auf die Barmherzigkeit Gottes sind alle angewiesen. Gott allein steht das Urteil zu. Und er ist barmherzig; er vergibt alle Schuld. So hat es Jesus gezeigt.

Gemeinsames Gebet

Wende dein Ohr mir zu, erhöre mich, Herr,
denn ich bin arm und gebeugt.
Beschütze mich, denn ich bin dir ergeben.
Hilf deinem Knecht, der dir vertraut.
Sei mir gnädig, Herr, du bist ja mein Gott.
Herr, du bist gütig und bereit zu verzeihen,
reich an Gnade für alle, die zu dir rufen.
Herr, vernimm mein Beten, achte auf mein lautes Flehen.
Am Tag meiner Not rufe ich zu dir;
du wirst mich erhören.
Weise mir, Herr, deinen Weg;
ich will ihn gehen in Treue zu dir.

Nach Psalm 86

Stille

Schriftwort (Joh 8,1–11)
Im Johannesevangelium lesen wir:

Jesus ging zum Ölberg. Am frühen Morgen begab er sich wieder in den Tempel. Alles Volk kam zu ihm. Er setzte sich und lehrte es.
Da brachten die Schriftgelehrten und die Pharisäer eine Frau, die beim Ehebruch ertappt worden war.
Sie stellten sie in die Mitte und sagten zu ihm: Meister, diese Frau wurde beim Ehebruch auf frischer Tat ertappt. Mose hat uns im Gesetz vorgeschrieben, solche Frauen zu steinigen. Nun, was sagst du? Mit dieser Frage wollten sie ihn auf die Probe stellen, um einen Grund zu haben, ihn zu verklagen. Jesus aber bückte sich und schrieb mit dem Finger auf die Erde. Als sie hartnäckig weiterfragten, richtete er sich auf und sagte zu ihnen: Wer von euch ohne Sünde ist, werfe als erster einen Stein auf sie.
Und er bückte sich wieder und schrieb auf die Erde.
Als sie seine Antwort gehört hatten, ging einer nach dem andern fort, zuerst die Ältesten. Jesus blieb allein zurück mit der Frau, die noch in der Mitte stand. Er richtete sich auf und sagte zu ihr: Frau, wo sind sie geblieben? Hat dich keiner verurteilt? Sie antwortete: Keiner, Herr.

Da sagte Jesus zu ihr: Auch ich verurteile dich nicht. Geh und sündige von jetzt an nicht mehr.

Gewissenserforschung

- Jemand verhält sich in einer Weise, die ich ablehne und missbillige.
  Verhält er sich tatsächlich falsch?
  Tut er wirklich Unrecht, oder stört mich nur persönlich sein Verhalten?
  Würde mich dasselbe Verhalten weniger oder gar nicht bei einem anderen Menschen stören, der mir sympathisch ist?

- Lege ich anderen Steine in den Weg, damit sie stolpern?
  Empfinde ich Freude, wenn andere Misserfolg haben?
  Zeige ich Mitgefühl mit anderen?
  Suche ich ihr Verhalten zu verstehen, auch wenn ich dieses missbillige?

Stille

- Werfe ich Steine?
  Stelle ich andere bloß? Mache ich sie lächerlich?
  Erzähle ich das weiter, was ich über andere erfahren habe?
  Verbreite ich weiter, was mir im Vertrauen gesagt wurde?

- Unterstelle ich anderen grundsätzlich unlautere Motive?
  Bereitet es mir Behagen, die Fehler anderer zu verbreiten?
  Benutze ich mein Wissen, um andere fertig zu machen?

- Verbreite ich Gerüchte oder sogar Lügen?

Von dem griechischen Philosophen Sokrates wird Folgendes berichtet:
Aufgeregt kam jemand zu Sokrates gelaufen. „Höre, Sokrates, das muss ich dir erzählen, wie dein Freund …“ – „Halt ein!“, unterbrach ihn der Weise. „Hast du das, was du mir sagen willst, durch die drei Siebe geschüttelt?“
„Drei Siebe?“, fragte der andere voll Verwunderung. „Ja, mein

Freund, drei Siebe! Lass sehen, ob das, was du mir erzählen willst, durch die drei Siebe hindurchgeht. Das erste Sieb ist die Wahrheit. Hast du alles, was du mir erzählen willst, geprüft, ob es wahr ist?" – „Nein, ich hörte es erzählen, und …" – „So, so. Aber sicher hast du es mit dem zweiten Sieb geprüft, es ist das Sieb der Güte. Ist das, was du mir erzählen willst, wenn schon nicht als wahr erwiesen, wenigstens gut?" – Zögernd sagte der andere: „Nein, das nicht, im Gegenteil …" – „Dann", unterbrach ihn der Weise, „lass uns das dritte Sieb noch anwenden und lass uns fragen, ob es notwendig ist, mir das zu erzählen, was dich so erregt." – „Notwendig nun gerade nicht …" – „Also", lächelte Sokrates, „wenn das, was du mir erzählen willst, weder wahr noch gut, noch notwendig ist, so lass es begraben sein und belaste dich und mich nicht damit!"

Orgelmeditation

Das Verhalten anderer kann mich veranlassen, über mein eigenes Verhalten nachzudenken.

* Halte ich mich für moralisch besser als andere?
* Halte ich mich für unfehlbar?
* Bin ich selbstgerecht?
* Lenke ich mit Hinweis auf die Fehler anderer von meinen Fehlern ab?
* Sehe ich die Splitter in den Augen anderer, nicht aber den Balken im eigenen Auge?
* Bin ich mir meiner Unvollkommenheit bewusst?
* Brauche nicht auch ich Verzeihung und Vergebung anderer Menschen und das Erbarmen Gottes?

Orgelmeditation

Gemeinsames Gebet
Herr, du kennst mich (GL, Nr. 7,5; s. S. 42)

Stille

Gemeinsames Schuldbekenntnis

Vor dem allmächtigen Gott
bekennen wir unsere Schuld,
und voreinander gestehen wir ein,
dass wir gefehlt haben.
Wir bitten dich, allmächtiger Gott,
sei uns gnädig und vergib uns unsere Schuld,
wie auch wir vergeben unseren Schuldigern.
Amen.

Vergebungsbitte

Danklied

Lasst uns loben, freudig loben (GL 637)
Nun singe Lob (GL 638)
Wo zwei oder drei in meinem Namen (Tr 128)
Lass uns in deinem Namen, Herr (Tr 21)

Zeichen der Buße

Segen – Verabschiedung

Orgelnachspiel

Alternative

Material: einen großen Kieselstein für jeden

Einleitung

Jeder von Ihnen hält in der Hand einen Stein, den Sie am Eingang der Kirche bekommen haben. Wahrscheinlich haben Sie überlegt, was das soll.
Lassen Sie sich bitte auf diese Form des Bußgottesdienstes ein und behalten Sie den Stein in Ihrer Hand.

Nach der Gewissenserforschung

Liebe Schwestern und Brüder,

wir wollen jetzt vor dem Altar unsere Steine weglegen.

Wer seinen Stein hier vorn hinlegt, drückt mit diesem Zeichen aus:
Ich bereue, wenn ich auf Menschen Steine geworfen habe.

Ich sehe ein: Steine zu werfen oder anderen in den Weg zu legen ist
nicht gut. Ich nehme mir vor, das nicht mehr zu tun. Ich bitte Gott
um Vergebung und um Kraft.

Wenn Sie Ihren Stein noch nicht weglegen möchten oder es noch
nicht können, weil Sie sich erst mit einem Menschen versöhnen
möchten, dann bleiben Sie auf Ihrem Platz. Dazu gehört Mut. Keiner
von uns hat das Recht, abfällig über die zu denken, die ihren Stein
behalten. So zu denken wäre wie ein Stein, der geworfen wird.

Wenn Sie Ihren Stein später weglegen möchten, können Sie das im
Lauf der Woche tun: Die Kirche steht tagsüber offen.

Was ist wichtig? Was ist unwichtig? – Prioritäten aus dem Glauben

Orgelvorspiel

Begrüßung

Lied
Worauf sollen wir hören (GL 623)

Einleitung
Das Thema unseres Bußgottesdienstes umfasst die Fragen: Was ist wichtig? Was ist unwichtig? – Prioritäten aus dem Glauben.
Sie kennen das: Banalitäten werden aufgebauscht und bekommen einen Stellenwert, der ihnen nicht zusteht. Auf der anderen Seite wird wirklich Wichtiges zurückgestellt, verdrängt oder missachtet.
Leicht vergessen Christen und Christinnen, dass es in ihrem Leben und Verhalten „christliche" Prioritäten geben muss. Diese lassen sich als „christliche Selbstverständlichkeiten" sehen. Leider ist das Selbstverständliche oft die seltene Ausnahme.

Ich prüfe, was klein ist und was groß.
Was ist wichtig an dem, was ich denke?
An meinen Sorgen, meiner Angst und meinen Hoffnungen.
Was ist nötig? Was entbehrlich?
Was ist fruchtbar? Was unfruchtbar?
Was ist wahr? Was ist Maske?
Manches erweist sich als so klein,
dass ich es vergessen kann, obwohl es mir wichtig war.
Manches erweist sich als so groß,
dass ich bereit sein muss, vieles zu ändern,
damit ich es erringe.

Gemeinsames Gebet

Herr, mein Gott, du kennst mich.
Vor dir kann ich keine Maske aufsetzen;
denn du schaust durch sie hindurch.
Ich bitte dich um deinen Heiligen Geist.
Er öffne mir Augen, Ohren und Herz
für alle deine Gaben.
Er zeige mir,
wie ich dem Leben dienen kann.
Er gieße mir neues Leben
in meine erstarrte Seele.
Amen.

Schriftwort (Mt 22, 35–40)

Im Matthäusevangelium lesen wir:

Ein Gesetzeslehrer wollte Jesus auf die Probe stellen und fragte ihn:
Meister, welches Gebot im Gesetz ist das wichtigste?
Jesus antwortete ihm:
Du sollst den Herrn, deinen Gott, lieben
mit ganzem Herzen, mit ganzer Seele
und mit all deinen Gedanken.
Das ist das wichtigste und erste Gebot.
Ebenso wichtig ist das zweite:
Du sollst deinen Nächsten lieben wie dich selbst.
An diesen beiden Geboten hängt das ganze Gesetz
samt den Propheten.

Orgelmeditation

Gewissenserforschung

1. Bewusst den Glauben leben
* Welchen Wert hat der Sonntagsgottesdienst für mich?
  Feiere ich ihn regelmäßig mit?
  Sind mir andere Veranstaltungen wichtiger, zum Beispiel Sport,
  Ausflüge, Spaziergänge, Konzerte …?

Trage ich zur Gestaltung des Gottesdienstes bei, zum Beispiel indem ich mitsinge und mitbete, oder sitze ich nur die Zeit ab?

- Welchen Wert hat das Beten für mich?
  Bete ich überhaupt noch?
  Morgens …, abends …, vor dem Essen, nach dem Essen …?

- Verbringe ich so viel Zeit vor dem Fernsehapparat oder dem Computer, dass mir vor Müdigkeit die Augen zufallen und ich gar nicht mehr an das Beten denken kann?
  Danke ich Gott, oder habe ich nur Bitten an ihn?

- Wissen meine Arbeitskollegen und -kolleginnen, dass ich Christ/ Christin bin, oder verschweige ich meine Überzeugung?
  Betrachte ich den Glauben als meine reine Privatsache?

- Sprechen wir in der Familie über Glaubensfragen oder ist der Glaube bei uns ein Tabuthema?

Stille

- Lese ich wenigstens hin und wieder in der Heiligen Schrift?
  Besitze ich überhaupt eine Bibel? Ein Neues Testament?
  Lese ich lieber die Zeitschriften der Regenbogenpresse?

- Bin ich interessiert an Glaubensfragen, oder finde ich Bundesligaergebnisse und Tennisspiele interessanter?

- Denke ich bei wichtigen Entscheidungen auch einmal an die Zehn Gebote, oder spielt die christliche Ethik in meinem Leben und bei Entscheidungen nur eine Nebenrolle oder gar keine Rolle? Kenne ich überhaupt die Zehn Gebote?

Orgelmeditation

2. Leben in der Familie
- Wie wichtig ist für mich die Zeit, die ich mit meiner Familie verbringe?
  Zeit ist Geld, heißt es. Zeit ist aber wichtiger als Geld.
  Schenke ich meinen Kindern eher ein Spielzeug, statt dass ich mir Zeit nehme, mit ihnen zu sprechen oder zu spielen?

- Überlasse ich die Kinder lieber dem Fernsehprogramm, statt mit ihnen spazieren zu gehen, Rad zu fahren, zu basteln, zu lesen, zu spielen?

- Antworte ich meinen Kindern auf ihre Fragen, oder vertröste ich sie ständig auf später?

- Spreche ich mit meinen Kindern über Gott?

Stille

- Höre ich meiner Frau/meinem Mann zu, oder rede nur noch ich und lasse sie/ihn nicht zu Wort kommen?

- Danke ich meiner Frau/meinem Mann wenigstens hin und wieder mit einem Zeichen, oder nehme ich alles, was sie/er für mich tut, als selbstverständlich?

- Bemühe ich mich um Geduld, oder tyrannisiere ich die Familie mit meiner Ungeduld und Hektik?

- Gehören die Großeltern zu unserem Familienleben dazu, oder sind sie uns nur willkommen, wenn wir sie brauchen?

Orgelmeditation

3. Allgemeiner Umgang mit anderen Menschen
- Versuche ich, mich in andere Menschen hineinzudenken, oder beurteile ich sie und ihr Verhalten nur von meiner Warte aus? (So könnte zum Beispiel ein Autofahrer versuchen, sich in die Situation eines Radfahrers zu versetzen, und ein Radfahrer könnte sein Verhalten aus der Sicht des Autofahrers beurteilen.)

- Spreche ich gut von anderen, oder behagt es mir, über sie herzuziehen?

- Beteilige ich mich am Mobbing am Arbeitsplatz, indem ich Kollegen und Kolleginnen die Arbeit und damit das Leben schwer mache?
Verhalte ich mich kollegial?
Nehme ich Kollegen in Schutz?

Stille

- Helfe ich Nachbarn, oder heißt mein Leitwort: Die sollen mir meine Ruhe lassen?

- Bin ich großzügig und kann nachgeben, selbst wenn ich im Recht bin, oder halte ich mich stur an Regeln, koste es, was es wolle?

- Höre ich zu, oder rede ich nur und lasse andere nicht zu Wort kommen?

Herr, gib mir die Gelassenheit,
Dinge hinzunehmen,
die ich nicht ändern kann.
Gib mir den Mut,
Dinge zu ändern,
die ich ändern kann.
Gib mir die Weisheit,
das eine vom anderen zu unterscheiden.

Thomas Morus

Orgelmeditation

Gemeinsames Gebet
Herr, mein Gott,
ich bin weder ganz gut noch ganz schlecht,
weder gottlos noch gerecht,
bei mir folgt auf das Vergehen die Buße
und auf die Vergebung wieder die Sünde.
Das ist nicht gut.
Herr, ich hoffe auf dein Heil,
obwohl ich dir nicht treu gedient habe.
An einem einzigen Tag ändere ich mich tausendmal,
wie ein Rad drehe ich mich unzählige Male.
Mit meinem Weizen ist Unkraut vermischt.
Sei barmherzig, Herr.
Vergib mir meinen Wankelmut und meine Unbeständigkeit.

Gemeinsames Schuldbekenntnis

Vor dem allmächtigen Gott
bekennen wir unsere Schuld,
und voreinander gestehen wir ein,
dass wir gefehlt haben.
Wir bitten dich, allmächtiger Gott,
vergib uns unsere Schuld,
wie auch wir vergeben unseren Schuldigern.
Amen.

Vergebungsbitte

Lied

Nun saget Dank und lobt den Herrn (GL 269, 1–3)

Zeichen der Buße

Segen – Verabschiedung

Orgelnachspiel

Wovor ich davonlaufe

Orgelvorspiel

Begrüßung

Lied
Herr, dir ist nichts verborgen (GL 292, 1–3)

Einleitung
Das Thema unseres Bußgottesdienstes lautet: Wovor ich davonlaufe.
Vielleicht können Sie auf Anhieb gar nicht sagen, wovor Sie davon-
laufen. Tatsache ist, dass Menschen sich drücken – vor Aufgaben,
Pflichten, Verpflichtungen, die sie als unangenehm empfinden, weil
sie sich überfordert fühlen, aus Angst oder Bequemlichkeit. Bildlich
gesprochen: Sie laufen davon – vor Verantwortung, vor anderen Menschen, vor sich selbst und vor Gott.

Gemeinsames Gebet
Herr,
du wartest auf uns,
bis wir geöffnet sind für dich.
Wir warten auf dein Wort,
das uns aufschließt.
Wir wissen,
ganz nah ist dein Wort,
ganz nah deine Gnade.
Begegne uns in dieser Stunde
mit deinem Erbarmen.
Lass nicht zu, dass wir taub sind für dich,
sondern mach uns offen und empfänglich
für Jesus Christus, deinen Sohn,
der gekommen ist, um uns

mit dir und untereinander zu versöhnen
heute und täglich bis in Ewigkeit.
Amen.

Huub Oosterhuis

oder: Ps 130 (GL 191)

Schriftwort (Jona 1, 1–13.15; 2, 1–2; 3, 1–3 u. 5)
Im Alten Testament wird die Geschichte des Propheten Jona erzählt.
Er ist das klassische Beispiel eines Menschen, der davonrennt. Wir
hören einen Teil der Erzählung aus dem Buch Jona:

Das Wort des Herrn erging an Jona, den Sohn Amittais:
Mach dich auf den Weg, und geh nach Ninive, in die große Stadt,
und droh ihr das Strafgericht an! Denn die Kunde von ihrer Schlech-
tigkeit ist bis zu mir heraufgedrungen.
Jona machte sich auf den Weg; doch er wollte nach Tarschisch flie-
hen, weit weg vom Herrn.
Er ging also nach Jafo hinab und fand dort ein Schiff, das nach
Tarschisch fuhr. Er bezahlte das Fahrgeld und ging an Bord, um nach
Tarschisch mitzufahren, weit weg vom Herrn.
Aber der Herr ließ auf dem Meer einen heftigen Wind losbrechen; es
entstand ein gewaltiger Seesturm, und das Schiff drohte auseinan-
derzubrechen. Die Seeleute bekamen Angst, und jeder schrie zu sei-
nem Gott um Hilfe. Sie warfen sogar die Ladung ins Meer, damit das
Schiff leichter wurde. Jona war in den untersten Raum des Schiffes
hinabgestiegen, hatte sich hingelegt und schlief fest.
Der Kapitän ging zu ihm und sagte: Wie kannst du schlafen? Steh
auf, ruf deinen Gott an; vielleicht denkt dieser Gott an uns, so daß
wir nicht untergehen.
Dann sagten die Seeleute zueinander: Kommt, wir wollen das Los
werfen, um zu erfahren, wer an diesem unserem Unheil schuld ist.
Sie warfen das Los, und es fiel auf Jona.
Da fragten sie ihn: Sag uns, was treibst du für ein Gewerbe, und wo-
her kommst du, aus welchem Land und aus welchem Volk?
Er antwortete ihnen: Ich bin ein Hebräer und verehre Jahwe, den
Gott des Himmels, der das Meer und das Festland gemacht hat.

Da bekamen die Männer große Angst und sagten zu ihm: Warum hast du das getan?

Denn sie erfuhren, daß er vor Jahwe auf der Flucht war, er hatte es ihnen erzählt. Und sie sagten zu ihm: Was sollen wir mit dir machen, damit das Meer sich beruhigt und uns verschont?

Denn das Meer wurde immer stürmischer.

Jona antwortete ihnen: Nehmt mich und werft mich ins Meer, damit das Meer sich beruhigt und euch verschont. Denn ich weiß, daß dieser gewaltige Sturm durch meine Schuld über euch gekommen ist …

Dann nahmen sie Jona und warfen ihn ins Meer, und das Meer hörte auf zu toben …

Der Herr aber schickte einen großen Fisch, der Jona verschlang.

Jona war drei Tage und drei Nächte im Bauch des Fisches, und er betete im Bauch des Fisches zum Herrn, seinem Gott:

In meiner Not rief ich zum Herrn, und er erhörte mich …

Da befahl der Herr dem Fisch, Jona an Land zu speien.

Das Wort des Herrn erging zum zweitenmal an Jona:

Mach dich auf den Weg, und geh nach Ninive, in die große Stadt, und droh ihr all das an, was ich dir sagen werde.

Jona machte sich auf den Weg und ging nach Ninive, wie der Herr es ihm befohlen hatte …

Und die Leute von Ninive glaubten Gott. Sie riefen ein Fasten aus, und alle, groß und klein, zogen Bußgewänder an.

Kurze Deutung und Hinführung zur Gewissenserforschung

Gott gibt Jona einen Auftrag, vor dem dieser sich drückt. Er fühlt sich überfordert, hat Angst vor den Leuten in Ninive und flieht – vor seinem Auftrag und vor Gott.

Während des Sturms schläft er: Das ist die totale Verdrängung. Doch Gott holt ihn ein: Im Bauch des Fisches findet Jona Ruhe und Stille zum Nachdenken und Beten.

Wieder an Land, erfüllt er, was Gott ihm aufträgt, und hat Erfolg: Die Leute von Ninive hören auf das, was der Prophet sagt, und kehren um.

Gewissenserforschung

Jeder und jede von uns hat eine Lebensaufgabe, die sich unterteilt in viele größere oder kleinere Aufgaben und Schritte.

- Nehme ich mich an, wie ich bin – mit Erfolgen und Misserfolgen, in Gesundheit und Krankheit, in guten und in bösen Tagen?

- Träume ich ständig von einer großen Veränderung meiner Lebenssituation und vergesse darüber die nächsten Schritte?

- Nehme ich die vielen positiven Seiten meines Lebens wahr – in der Familie – mit meiner Frau, meinem Mann – mit den Kindern – im Beruf?

- Drücke ich mich vor Verantwortung – im Beruf, in der Familie? Gehe ich klärenden Gesprächen aus dem Weg?

- Drücke ich mich vor wichtigen Entscheidungen?

Stille

- Freue ich mich an kleinen Dingen oder denke ich ständig an die großen Früchte, an die ich nicht heranreiche?
  Kommt daher meine Unzufriedenheit?

- Schweige ich am falschen Platz – aus Angst, aus Bequemlichkeit, weil die anderen ja doch nichts auf mich und meine Meinung geben?

- Habe ich Angst, mich zu blamieren, und halte deshalb meine Überzeugung zurück?
  Vertrete ich meinen Standpunkt?

- Bin ich kompromissbereit?

- Ergreife ich Partei für Schwächere?

Orgelmeditation

Menschen halten oft die Stille nicht aus und stürzen sich in Freizeitstress, Abwechslung und Konsum.

- Nehme ich mir hin und wieder Zeit zum Nachdenken – über mein Leben, mein Verhalten?

- Suche ich ständig Anlässe, um mir die Zeit zu vertreiben?
  Muss ich ständig Betrieb um mich haben?

- Bin ich vom Konsumzwang angesteckt, weil ich unter Langeweile leide, unter Liebesentzug?

- Nehme ich mir Zeit, um über meinen Glauben und die Botschaft Jesu nachzudenken?

- Verdränge ich den Anspruch, den Jesu Botschaft an mich und mein Verhalten stellt, zum Beispiel: Gottes- und Nächstenliebe, die Bereitschaft zur Vergebung und Versöhnung?

- Laufe ich Gott davon – indem ich nicht bete oder den Gottesdienst nicht besuche?

- Verdränge ich alle Gedanken an Sterben und Tod?

- Habe ich Angst vor Gott?

- Habe ich Angst, vor Menschen meinen Glauben zu bekennen?

Orgelmeditation

Menschen laufen manchmal vor ihrer Vergangenheit, vor ihrer Schuld, ihren Schatten davon.
In diesem Zusammenhang erzählt Thomas Merton die Geschichte

Der Mann und sein Schatten
Es war einmal ein Mann, den verstimmte der Anblick seines eigenen Schattens so sehr – der war so unglücklich über seine eigenen Schritte –, dass er beschloss, sie hinter sich zu lassen. Er sagte sich: Ich laufe ihnen einfach davon. So stand er auf und lief davon.
Aber jedes Mal, wenn er seinen Fuß aufsetzte, hatte er wieder einen Schritt getan, und sein Schatten folgte ihm mühelos.
Er sagte zu sich: Ich muss schneller laufen.
Also lief er schneller und schneller, lief so lange, bis er tot zu Boden sank.

Wäre er einfach in den Schatten eines Baumes getreten, so wäre er seinen Schatten losgeworden, und hätte er sich hingesetzt, so hätte es keine Schritte mehr gegeben.
Aber darauf kam er nicht.

Nach Thomas Merton,
stark verändert

- Laufe ich vor mir selbst davon, weil ich Angst habe, (mit mir) allein zu sein?

- Vertraue ich auf den barmherzigen Gott, der alle Schuld vergibt?

- Bitte ich Gott um Vergebung?

- Bitte ich Menschen um Verzeihung, die ich verletzt habe oder an denen ich schuldig geworden bin?

Für Christen ist das Kreuz Jesu Christi der Baum, in dessen Schatten die Schatten der Vergangenheit, die Schuld der Menschen, weggenommen werden.

Orgelmeditation

Gemeinsames Gebet
Herr, du kennst mich,
meine Schwächen und meine Stärken,
meinen guten Willen und mein Versagen.
Vor dir brauche ich mich nicht zu verbergen,
denn du schaust in Liebe auf mich.
Du gehst mir nach, wenn ich meinen Weg verliere.
Du bist mein Licht, wenn ich ins Dunkle gehe.
Du bist meine Stärke, wenn ich verzage.
Du bist immer mit mir.
Amen.

Schuldbekenntnis
Vor dem allmächtigen Gott
bekennen wir unsere Schuld,
und voreinander gestehen wir ein,

dass wir gefehlt haben.
Wir bitten dich, allmächtiger Gott,
sei uns gnädig und vergib unsere Schuld,
wie auch wir vergeben unseren Schuldigern.
Amen.

Vergebungsbitte

Danklied
Wohl denen, die da wandeln (GL 614, 1–3)

Zeichen der Buße

Segen – Verabschiedung

Mein Weg

Orgelvorspiel

Begrüßung

Lied

Aus hartem Weh (GL 109, Advent)
Worauf sollen wir hören (GL 623)
Aus den Dörfern und den Städten (T.: Eugen Eckert / M.: Alejandro Veciana)

Einleitung

Unser Leben ist ein Weg; wir sprechen vom Lebensweg. Bequem und mühsam, aufwärts und abwärts, gerade und verschlungen, steinig und weich, schlammig und trocken kann dieser Weg und seine Abschnitte sein. Menschen gehen gute Wege und schlechte, gefährliche und sichere; sie machen Umwege, geraten auf Abwege und Irrwege, von denen sie umkehren müssen, was sie oft nicht wollen. Manche wissen, dass sie in die falsche Richtung gehen oder fahren, ändern aber trotzdem die Richtung nicht.

Eine Geschichte:

Ein Mann sitzt in einem Bummelzug. An jeder Station steckt er den Kopf zum Fenster hinaus, liest den Ortsnamen und stöhnt. Nach einigen Stationen fragt ihn ein Mitreisender: „Tut ihnen etwas weh? Sie stöhnen so entsetzlich." Als Antwort bekommt er: „Eigentlich müsste ich aussteigen. Ich fahre ständig in die falsche Richtung. Aber hier im Zug finde ich es so schön warm und bequem."

Schriftworte

Viele Psalmen sind Gebete auf dem Weg oder für den Weg.
„Du, Herr, zeigst mir den Weg zum Leben" (16,11).
„Auf dem Weg deiner Gebote gehen meine Schritte,
meine Füße wanken nicht auf deinen Pfaden" (17,5).

„Dein Wort ist Licht für meine Pfade" (119,105).

„Du bist vertraut mit all meinen Wegen" (139,3).

„Halte mich fern vom Weg der Lüge" (119,29).

„Befiehl dem Herrn deinen Weg" (37,5).

„Hoffe auf den Herrn und bleib auf seinem Weg" (37,34).

„Der Herr lasse über uns sein Angesicht leuchten, damit auf Erden sein Weg erkannt wird" (67,3).

„Der Herr befiehlt seinen Engeln, dich zu beschützen auf all deinen Wegen" (91,1).

Im Alten Testament heißt es von Gott, dass er die Wege der Menschen begleitet; er ist ein mitgehender Gott. Durch den Messias, den er verspricht, werden alle Menschen das Heil und den Frieden Gottes sehen – vorausgesetzt, sie bereiten dem Messias die Wege.

Was der Prophet Jesaja dazu sagt, nimmt das *Lukasevangelium* auf (3,4–6):

Eine Stimme ruft in der Wüste:

Bereitet dem Herrn den Weg!

Ebnet *ihm* die Straßen!

Jede Schlucht soll aufgefüllt werden,

jeder Berg und Hügel sich senken.

Was krumm ist, soll gerade werden.

Und alle Menschen werden das Heil sehen,

das von Gott kommt.

Kyrie
Tau aus Himmelshöhn (GL 103)

Gewissenserforschung
* Habe ich ein Ziel in meinem Leben, oder lebe ich, ohne mir Gedanken zu machen, wohin ich gehe?

* Glaube ich, dass mein Leben einen Sinn hat, auch wenn ich den Sinn nicht immer sehe?

* Glaube ich, dass Gott mich auf meinen Wegen begleitet, auch wenn ich oft meine, ich gehe allein?

- Bin ich anderen ein guter Wegbegleiter, eine gute Begleiterin, indem ich sie ermutige – ihnen Hoffnung mache – sie mahne oder warne – sie nicht im Stich lasse?

Stille

Mein Lebensweg ist nicht immer bequem und breit, sondern oft ein enger, begrenzter Pfad. Es kostet mich Mühe voranzukommen. Auf manches muss ich verzichten.

Jesus sagt: „Das Tor ist weit, das ins Verderben führt, und der Weg dahin ist breit, und viele gehen auf ihm. Aber das Tor, das zum Leben führt, ist eng, und der Weg dahin ist schmal, und nur wenige finden ihn" (Mt 7,13–14).

- Suche ich den Weg zum Leben? Bemühe ich mich um Glauben und Vertrauen?
  Bin ich bereit zu Verzicht und Opfer?
  Schiele ich neidisch auf andere und ihr scheinbar oder anscheinend so leichtes Vorwärtskommen – zum Beispiel auf der Karriereleiter, im Beruf?

- Nehme ich meinen Alltag und meine Alltäglichkeit an?
  Ärgere ich mich ständig, weil ich nur ein „Durchschnittsmensch" bin?

- Bin ich faul? Drücke ich mich vor Arbeiten, die mir schwer fallen?

- Helfe ich anderen auf ihren Wegen – am Arbeitsplatz, in der Schule – durch einen Rat, ein ermutigendes Wort, einen Fingerzeig?

Stille

Beim Autofahren ohne Stau und ohne Gegenverkehr schnell voranzukommen, das gefällt mir.
So möchte ich am liebsten im Leben immer vorankommen.

- Gehe ich nur bequeme Wege?

- Geht es mir vor allem um meine Karriere und um schnelles Vorwärtskommen – auch auf Kosten anderer – auf Kosten der Familie – auf Kosten der Gesundheit?

- Trete ich für meine Überzeugung ein?
  Passe ich mich an und hänge meine Fahne immer in den Wind?

- Nehme ich Menschen wahr, die mich brauchen, oder renne ich an ihnen blindlings vorbei?

- Habe ich ein gutes Wort für meine Kinder – meine Frau – meinen Mann – meine Kollegen – meine Nachbarin, die mir auf die Nerven fällt?

- Habe ich Geduld – mit mir selbst – mit anderen?
  Nehme ich mir Zeit – für mich – für die Familie – für Freunde?

- Komme ich schnell in Rage, wenn etwas nicht nach meinem Geschmack ist?
  Lasse ich Zorn und Wut an anderen aus?

- Fahre ich rücksichtslos Auto?
  Gefährde ich im Straßenverkehr durch mein Verhalten andere Verkehrsteilnehmer?

- Fahre ich jeden Schritt, obwohl ich auch zu Fuß gehen könnte?

Orgelmeditation

Auf meinen Wegen gibt es Hindernisse: zu wenig Geld, zu wenig Kontakte, zu wenig Talente, eine angeschlagene Gesundheit ...

- Jammere ich ständig über die ungenutzten Chancen meines Lebens oder über die mir nicht gebotenen Möglichkeiten?

- Mache ich andere für mein Versagen oder mein „Unglück" verantwortlich?

- Sage ich ja zu mir selbst – trotz meiner Grenzen und meines Versagens?

- Gebe ich gleich auf, wenn nicht alles so läuft, wie ich es mir wünsche?

- Kehre ich um, wenn ich auf einem Irrweg bin?

- Frage ich andere um Rat?
  Lege ich anderen Hindernisse in den Weg? Freue ich mich, wenn sie stolpern?

- Reiße ich Mauern zwischen mir und anderen ein: Neid, Rachegefühle …?

Stille

Leben heißt unterwegs sein, nicht: ständig in Fahrt sein.

- Gönne ich mir genügend Ruhe?
  Kann ich Stille aushalten, oder brauche ich ständig eine Geräuschkulisse?

- Nehme ich mir Zeit zum Nachdenken – über mein Leben – mein Verhalten?

- Nehme ich mir Zeit für meinen Glauben?
  Bete ich?
  Feiere ich regelmäßig den Gottesdienst mit?

Orgelmeditation

Gemeinsames Gebet
Zeige mir, Herr, deine Wege, und lehre mich deine Pfade!
Führe mich in deiner Treue und lehre mich;
denn du bist der Gott meines Heiles.
Auf dich hoffe ich allezeit.
Denk an dein Erbarmen, Herr, und an die Taten deiner Huld;
denn sie bestehen seit Ewigkeit.
Denk nicht an meine Sünden und mein böses Tun!
In deiner Huld denk an mich, Herr, denn du bist gütig.
Gut und gerecht ist der Herr,
darum weist er die Irrenden auf den rechten Weg.

Die Demütigen leitet er nach seinem Recht,
die Gebeugten lehrt er seinen Weg.

Alle Pfade des Herrn sind Huld und Treue denen,
die seinen Bund und seine Gebote bewahren.
Dem Menschen, der Gott fürchtet, zeigt er den Weg,
den er wählen soll.
Wende dich mir zu und sei mir gnädig;
denn ich bin einsam und gebeugt.
Befrei mein Herz von der Angst,
führe mich heraus aus der Bedrängnis.

Nach Psalm 25

Gemeinsames Schuldbekenntnis

Vor dem allmächtigen Gott
bekennen wir unsere Schuld,
und voreinander gestehen wir ein,
dass wir gefehlt haben.
Wir bitten dich, allmächtiger Gott,
sei uns gnädig und vergib uns unsere Schuld,
wie auch wir vergeben unseren Schuldigern.
Amen.

Vergebungsbitte

Danklied

Gott, heilger Schöpfer aller Stern (GL 116, Advent)
Mein Hirt ist Gott, der Herr (GL, in manchen Diözesananhängen)
Bewahre uns Gott, behüte uns Gott (T.: Eugen Eckert/M.: Anders
   Ruuth)
Den Weg wollen wir gehen (Tr 144)

Zeichen der Buße

Segen – Verabschiedung

Orgelnachspiel

Zu Hause sein – bei sich selbst und mit anderen

Orgelvorspiel

Begrüßung

Lied
O Heiland, reiß die Himmel auf (GL 105, 1–5, Advent)
Wer unterm Schutz (GL 291)

Einleitung
Zu Hause sein – bei sich selbst und mit anderen. Darüber wollen wir in unserem Bußgottesdienst nachdenken.
Schnelllebigkeit und Mobilität gehören zu den Kennzeichen unserer Zeit. Menschen haben sich im Laufe ihres Lebens häufig umzuorientieren. Mit dem Berufswechsel ist oft ein Wohnortwechsel verbunden. Die Flut von Informationen lässt sich nur schwer verarbeiten. Durch Reisen werden Menschen kulturell mobil.
„Mobilität macht auch vor der Religion und der Liebe nicht Halt. Manche sind ihr Leben lang auf der Reise nach der ihnen angemessenen Form der Religion, verlassen eine Gemeinschaft, wenden sich einer anderen zu, gehen dann wieder ein Stück ihres Lebens allein. Ähnlich ist es in der Liebe. Immer mehr … verlassen ein Beziehungshaus und ziehen um" (Paul M. Zulehner).
Menschen, die auf Dauer nirgendwo zu Hause sind, können „psychisch obdachlos" werden. Wer zu viel und zu schnell unterwegs ist, lässt seine Seele hinter sich, die Zeit braucht, um von einem Ort zu einem anderen zu kommen.
Ohne geistige Heimat können sich Menschen nur schwer oder gar nicht entscheiden; sie finden sich in ihrem Leben und in der Welt nicht mehr zurecht. Sie sind geistig heimatlos.

Gemeinsames Gebet

Herr, unser Gott,
als deine Gemeinde sind wir hier zusammen in deinem Haus.
Du schaust auf uns.
Du siehst unser Versagen und unser Bemühen.
Wir bitten dich um den Heiligen Geist:
Er gebe uns Kraft zur Umkehr
und gieße uns neues Leben ein.
Amen.

Gewissenserforschung

1. Bei sich selbst zu Hause sein
„Wenn du in dir selber nicht zu Hause bist, bist du nirgendwo zu Haus", singt Peter Horton.
Darum geht es, einen Selbstand, eine eigene Identität zu haben, zu wissen, wohin ich gehöre, wo ich daheim und geborgen bin.

- Denke ich über mich und mein Leben und die Wurzeln meines Ichs nach?
  Bin ich mir bewusst, dass mein Glaube, meine Glaubenstradition, mein Gottvertrauen zu meinen Wurzeln gehört?
  Pflege ich diese Wurzeln?

- Nehme ich mir Zeit für mich selbst, zum Beispiel zum Meditieren oder um Ruhe zu finden?

- Werde ich mir über meine ganz persönlichen Wünsche und Bedürfnisse klar? Ordne ich diese? Nicht alles, was ich wünsche, ist wichtig oder sogar notwendig!

- Verdränge ich, was mich bedrückt und belastet – zum Beispiel Schuld, schuldhaftes Verhalten, meine Vergangenheit –, oder versuche ich, diese aufzuarbeiten?

- Renne ich vor meinen Problemen davon oder sogar vor mir selbst?

- Stürze ich mich in Freizeitstress und oberflächliche Abwechslung?

- Fühle ich mich in meiner Wohnung daheim?

- Gehen mir Beruf und Arbeit über alles, auch auf Kosten meiner Gesundheit?
  Liebe ich meinen Beruf? Fühle ich mich fremd in meinem Beruf?
  Gibt es Wege, diese Fremdheit zu überwinden?

- Pflege ich meine Talente, meine kleinen und großen Fähigkeiten, oder vergrabe ich sie?
  Vergrabe ich mich selbst, kapsele ich mich ab, genüge ich mir selbst, so dass ich einsam werde?
  Gehe ich offen auf andere Menschen zu?

Kurze Orgelmeditation

2. Mit anderen zu Hause sein
Ein Zuhause ist nicht nur ein Dach über dem Kopf und der Seele, nicht nur eine Wohnung, sondern Menschen, die uns lieben und schätzen, mit denen wir glauben und beten, leben und arbeiten, lassen uns zu Hause sein.

- Betrachte ich die Gemeinschaft der Glaubenden als einen Ort, der mir zum Glauben hilft?
  Bejahe ich die christliche Glaubenstradition, auch wenn mir manches in der konkreten Kirche nicht behagt?
  Feiere ich die Feste des Glaubens regelmäßig mit?
  Trage ich zum Gemeindeleben bei?

- Prägt der Glaube unser alltägliches Familienleben?
  Helfen in unserer Familie alle – Eltern, Kinder, ältere Generation –, einander Lasten zu tragen?
  Sind wir dankbar für die Geborgenheit, die uns die Familie schenkt?
  Bin ich, sind wir gastfreundlich?

- Haben wir eine offene Tür für Nachbarn, die unsere Hilfe brauchen?

- Gehe ich mit meiner Hilfsbereitschaft anderen ständig auf die Nerven?

- Pflege ich Freundschaften?
  Bin ich für meine Freunde da? Bin ich vertrauenswürdig?

- Äußere ich offen meine Wünsche und Bedürfnisse?
  Bin ich gleich beleidigt, wenn nicht alles nach meinem Geschmack läuft?

- Nehme ich Verantwortung wahr in der Hausgemeinschaft, im Wohnbezirk?
  Sage ich auch einmal etwas, wenn ein klares Wort angebracht ist?

- Nehme ich, soweit mir das möglich ist, Verantwortung für das Gemeinwohl wahr – in Gruppen, Verbänden, Parteien?

Kurze Orgelmeditation

3. Menschen ohne ein Zuhause
Zu keiner Zeit gab es so viele heimatlose Menschen wie in unserem Jahrhundert: Flüchtlinge, Asylsuchende, Obdachlose …
Nicht alle Probleme lassen sich leicht lösen, vor allem nicht von Einzelnen.

- Was empfinde ich bei dem Wort „Asylant"?
  Ärger, Angst, Mitleid …?

- Hege ich Vorurteile?
  Helfe ich, Vorurteile abzubauen?

- Trage ich zu einer menschenfreundlichen Atmosphäre in unserer Stadt bei?

- Zeige ich Verständnis für Menschen, die sich in großer Not befinden?
  Lege ich ein gutes Wort für sie ein?

- Glaube ich, dass alle Menschen Kinder Gottes sind, also zur Familie Gottes gehören?

Orgelmeditation

Schriftwort (Joh 14, 1–6)
Im Johannesevangelium lesen wir:

Jesus sagte:
Euer Herz lasse sich nicht verwirren.
Glaubt an Gott und glaubt an mich.
Im Hause meines Vaters gibt es viele Wohnungen.
Wenn es nicht so wäre, hätte ich euch dann gesagt:
Ich gehe, um einen Platz für euch vorzubereiten?
Wenn ich gegangen bin und
einen Platz für euch vorbereitet habe,
komme ich wieder und werde euch zu mir holen,
damit auch ihr dort seid, wo ich bin.
Und wohin ich gehe – den Weg dorthin kennt ihr.
Thomas sagte zu ihm:
Herr, wir wissen nicht, wohin du gehst.
Wie sollen wir dann den Weg kennen?
Jesus sagte zu ihm:
Ich bin der Weg und die Wahrheit und das Leben;
niemand kommt zum Vater, außer durch mich.

Das Haus des Vaters hat viele Wohnungen, Raum für die Menschen, ein Zuhause. Hier sind sie angenommen und geborgen, hier finden sie Gemeinschaft miteinander und mit Gott.
Voraussetzung ist: Sie gehen den Weg Jesu als glaubende, hoffende und liebende Menschen. Jesus selbst ist mit Männern und Frauen diesen Weg gegangen und hat ihnen ein Zuhause geschaffen.
Unser menschliches Zuhause ist gefährdet, wir können den Weg verlieren. Deshalb sollen wir auf Jesus schauen, der uns den Weg zeigt. Er selbst hat Heimatlosigkeit am eigenen Leib erlebt.
Bei Johannes (1, 12) heißt es nüchtern: „Er kam in sein Eigentum, aber die Seinen nahmen ihn nicht auf." Er kommt nach Hause, in sein eigenes Haus, und ihm wird gleichsam die Tür vor der Nase zugeschlagen.

Das Haus des Vaters, das Jesus verspricht, hat nicht nur viele Wohnungen, sondern Gott umgibt uns jetzt schon mit seiner Liebe und schenkt uns seine Geborgenheit, die nichts und niemand zerstören kann.

Der Apostel Paulus fasst diesen Glauben in die Worte: „In ihm – in Gott – leben wir, bewegen wir uns und sind wir" (Apg 17, 28).

Wer in Gott lebt, der hat ein Zuhause und gibt anderen ein Zuhause.

Gemeinsames Gebet

Gott,
Vater des Erbarmens,
komm uns entgegen, und hilf uns,
dass wir uns so sehen,
wie wir sind.
Bewahre uns vor Mutlosigkeit
und Selbstgefälligkeit.
Gib uns Kraft und Mut,
in unserem Leben das zu ändern,
was geändert werden muss
und was wir ändern können.
Schenke uns ein neues Herz
und einen neuen Geist
durch Christus, unseren Herrn.
Amen.

Oder: Psalm 23 – „Der Herr ist mein Hirte" (GL, Nr. 718)

Gemeinsames Schuldbekenntnis

Vor dem allmächtigen Gott
bekennen wir unsere Schuld,
und voreinander gestehen wir ein,
dass wir gefehlt haben.
Wir bitten dich, allmächtiger Gott,
sei uns gnädig und vergib uns unsere Schuld,
wie auch wir vergeben unseren Schuldigern.
Amen.

Vergebungsbitte

Danklied
Kündet allen in der Not (GL 106, Advent)
In deinem Haus bin ich gern (Tr 93)

Zeichen der Buße

Segen – Verabschiedung

Orgelnachspiel

Quellennachweis

S. 35: Roland Schönfelder, Die kleinen Worte, gekürzt aus: „das thema", Deutscher Katecheten-Verein, München 1981.

S. 42: Herr, du kennst mich …, aus: Gotteslob, 7,5. © Verlag Butzon & Bercker, Kevelaer.

S. 52 f: Jesus erzählte folgende Geschichte: …, aus: Die Bibel in heutigem Deutsch. Die Gute Nachricht des Alten und Neuen Testaments. © 1982 Deutsche Bibelgesellschaft, Stuttgart.

S. 57: Eberhard Puntsch, Ein junger Geistlicher …, aus: „Witze, Fabeln, Anekdoten". © mvg-verlag, Landsberg am Lech.

S. 80 f: Huub Oosterhuis, Herr, du wartest auf uns …, aus: Huub Oosterhuis, Du bist der Atem und die Glut. Verlag Herder, Freiburg, 4. Aufl. 1996.

Die folgenden Bibelstellen sind der Einheitsübersetzung der Heiligen Schrift © 1980 Katholische Bibelanstalt, Stuttgart, entnommen:
Röm 12, 9–18; Lk 18, 9–14; Kol 3, 12–16a; Joh 5, 1–9; Kol 3, 12–15; Joh 20, 19–20; Gen 2, 2–3; Lk 15, 1–24; Ps 25, 4–9; 2 Petr 1, 5–10; Ps 141, 3–4a; Mt 7, 3.5; Mt 5, 7–9; Joh 8, 1–11; Mt 22, 35–40; Jona 1, 1–13.15; 2, 1–2a. 11; 3, 1–3a.5; Lk 3, 4–6; Joh 14,1–6.